JN101687

# 3・11
# 震災を知らない君たちへ

鈴木利典

ぱるす出版

皆さんが、まだ生まれる前か
幼かった頃
岩手、宮城、福島を中心とする東日本で
大きな地震と津波がありました。
東日本大震災です。
この本は
半分だけ被災者、半分だけ支援者が経験した
東日本大震災の被災地と
その後の学校での出来事です。

# はじめに

２０１１年３月11日の午後２時46分頃、東日本の太平洋側でマグニチュード９・１というとても大きな地震が発生し、岩手県、宮城県、福島県の沿岸は巨大な津波に襲われ、死者・行方不明者１８、４３０人（２０１９年３月現在）という未曽有の災害に見舞われました。

私は、この震災で教え子や保護者、職場の同僚や知人をたくさん亡くしました。震災前、岩手県の沿岸地域に教師として14年暮らしていたからです。故郷が、津波で壊滅的な被害を受けた陸前高田市の隣町だったので親戚も亡くなりました。

悲しく辛い日々が続きました。震災で心を痛めた人も「被災者」と呼んでいいのなら、私も被災者の一人でした。私だけでなく、当時、東日本大震災の被害の様子をテレビや新聞で見た人たちは、皆、自分のことのように心を痛めていました。

しかし、私には家があり、家族は無事でした。目の前で家が流され、肉親を失った被災者たちとは明らかに違っていたので、自分は「半分だけ被災者」そう思うことにしました。

その私が、震災から一年後、津波で被災した大槌町立大槌中学校に勤務することになったのです。

この学校に勤務するのは二度目で、同じ学校に二度も勤務することになったのは「被災地のことをよく知っているから」というのが理由だったようです。前回の勤務と少し違う点は、校長として学校を切り盛りする立場になったことです。

震災が起きた年、岩手県では「被災した児童生徒が安心して生活ができるように」と、沿岸の学校に勤務していた先生方の人事異動を凍結したので、私が大槌中学校に赴任したのは翌年の4月でした。

大槌町は、津波だけではなく、直後に起きた火災にも巻き込まれ町民の10人に1人が犠牲になり、多くの人が家を失っていました。

当然、大槌中学校の被災状況は凄《すさ》まじく、全校生徒267人中、被災した生徒は184人に上り、半数近い127人が家を失い仮設住宅から仮設校舎に通学していました。

経済的に困難な家庭に学用品費、給食費、修学旅行費用等を支給する就学援助制度の対象者も154人に上り、さらにほとんどの生徒が身内か知人を亡くしていました。

東日本大震災の被災地にど真ん中があるとすれば、大槌中学校ではないかと思いました。この被災地のど真ん中の中学校に、今度は「支援者」として勤務することになったのです。

ところが、被災地の校長室には毎日のように全国から支援者が訪れ、彼らには、仮設校舎で生徒と一緒に生活している私は、支援者というより被災者の一人に見えたようです。

実際、被災地に支援物資を届けたり、被災地のために街頭で募金を集めたりするような支援者ではなかったので、私の「支援者」は、半分だけの「支援者」でした。

この本では、津波に浚《さら》われた被災地の様子、被災しながら逆境に立ち向かう子どもたちの姿や、彼らを物心両面から支えようとする支援者との出会いについて紹介しています。

本来なら、被災地の様子は、「半分だけ被災者」の私ではなく、震災を直に経験した被災者が語る内容です。

しかし、被災者が震災について口を開くことは、簡単なことではありません。戦争を体験した人が、戦地の様子を語らないことと似ています。そう考えると、被災地の様子を伝えることは「半分だけ被災者」の私の役割のような気がしました。この本を執筆した動機の一つです。

さらに、被災校に赴任して初めて分かったことですが、被災地では支援物資が野積みにされていました。支援者には思いも寄らないことだったと思います。

また、外から見れば羨ましくも見える芸能人や著名人の訪問は、学校の正常化とは相反するものだったのです。

東日本大震災の「その後」に起きていた支援物資や交流のミスマッチは、被災地にいなければ分からないことです。このことを伝えることは「半分だけ支援者」の私の役割に思えました。

災害はこれからも起きます。「もし自分が被災者になったなら」「もし自分が支援する側の立場だったなら」その時、どうしたらよいのか。

この本は「半分だけ被災者」「半分だけ支援者」から、震災を知らない君たちへのメッセージです。

# 目　次

目　次

# 第一章

# 津波にさらわれた町

私が、津波の被害を目の当たりにしたのは、緊急支援チームの一人として陸前高田市の教育委員会に派遣された時でした。

テレビや新聞では、連日「甚大」とか「未曾有」という言葉で被害の様子を伝えていたのですが、私が、この言葉の意味を本当に理解できたのは、被災地に入り、国道を覆うように重なり合う住宅の屋根が目に飛び込んで来た時でした。それから先は瓦礫の山が延々と続き、たくさんの車が押し潰されていました。

やっとの思いでたどりついた陸前高田市（高田町）には、街灯一つ、店一軒残っていませんでした。町は、端から端まで瓦礫で覆われ、自分が住んでいた場所は、見当もつきませんでした。

その後も、被災校のネットワークを復旧させるために、沿岸を北上するように宮城県境の陸前高田市気仙町から大船渡市、釜石市、大槌町、山田町、宮古市田老町と移動したことから、否応なしに沿岸各地の被害を目撃することになりました。どこも凄まじい被害でした。

そのときの様子を、私が震災前に勤めていた中学校と学区（町内）の被害を中心に紹介します。東日本大震災の一端と、私と被災地との関係が見えてくると思います。

私が初めて教壇に立ったのは、旧陸前高田市立広田中学校でした。その次が旧陸前高田市立第一中学校、三校目が旧大槌町立大槌中学校。これに、教頭（現在は副校長職）として勤務した旧大船渡市立越喜来《おきらい》中学校を加えると、沿岸地域での学校勤務が通算で4校14年となるのです。

残念ながら、どこも、皆、津波で大きな被害を受け、第一中学校と越喜来中学校は、校舎は無事だったのですが、学区の町並みは消えました。

校名に「旧」がついているのは、勤務した4校すべてが震災後の統廃合で無くなったからです。

広田中学校は、近隣の小友中学校、米崎中学校と統合し東中学校に、第一中学校は、気仙中学校、横田中学校と統合し高田第一中学校に、越喜来中学校は、吉浜中学校と一緒に大船渡第一中学校に統合しています。

もともと、過疎化の影響で小中学校の統廃合が進んでいたのですが、震災の影響で統廃合に拍車がかかったのです。なお、目次も含め以後校名の「旧」は省略しています。また、本文は縦書文章ですが数字は漢数字だけでなく、読みやすさも考えながら算用数字も用いています。

## 1　陸前高田市広田町と広田中学校

広田中学校は、広田半島の中央部にありました。広田半島は、風光明媚な三陸リアス式海岸の南側に位置し、半島の北側には大船渡湾（大野湾）側に面した田谷浜海岸が見え、南側には泊漁港と広田湾が広がっていました。海岸に近かったのですが、校舎は、二階建ての教員住宅を見下ろせる高台にあったので、津波の被害を受けることは考えても見ませんでした。
しかし、津波は教員住宅の屋根まで飲み込み、高台にあった中学校の校舎と体育館は浸水し、体育館の隣にあった部室の壁には大きな穴が開いていました。

体育館をのぞくと、床は泥だらけでしたが、壁には紅白幕が飾られ、ステージには花まで生けられていました。広田中学校も含め県内のほとんどの中学校は、翌日が卒業式の予定だったのです。

地震が起きたとき、広田中学校では卒業式の練習と会場準備を終え、下校直前だったと言います。「お風呂の水が溢れるように津波が堤防を越えてきた」と、当時を振り返る吉家秀明校長先生は「校庭での避難では危ない」と判断し、生徒たちを、中学校より一段上の水産高校跡地の校庭に避難させました。道はなかったので急こう配の土手を駆け登らせたと言います。

壁の壊れた運動部の部室と体育館

広田中学校の被害（校舎の１階まで浸水）

あまり知られていないことですが、この時、広田中学校の生徒は、隣にあった保育園の避難を助け、二、三歳児を抱っこしたり、両脇に抱えたりしながら、土手を駆け登っています。

保育園にも高さ約1・2メートルの津波が押し寄せましたが、中学生に抱えられた園児も含め39人の園児たちは全員無事避難し、この中学生たちの勇気ある行動に、公益財団法人社会貢献支援財団から「社会貢献者表彰」が授与されています。

広田半島にはU字形の小さな入り江がたくさんあり、この入り江に津波が押し寄せると、荒波が岩場をかけ上がるように、家屋を壊しながら集落の奥まで達し、今度は、膨大な戻り水となって集落を背後から襲い、その勢いは、田畑や道路をえぐり、瓦礫となった家屋を海に押し流します。

東日本大震災の被害が広範囲に及んだため半島の被害はあまり報道されま

せんでしたが、半島の被害も凄まじく、海岸に近い集落はどこも壊滅状態でした。

## 2　陸前高田市高田町と第一中学校

陸前高田市高田町は、「奇跡の一本松」が残る高田松原海岸から西にＪＲ大船渡線（現在はＢＲＴ）を挟んで、市街地が平坦に広がっていたので、海岸の防波堤を乗り越えた津波は、市街地を端から端まですべて飲み込んでいきました。

高田町を襲った津波は約15メートル、大きな体育館の天井ぐらいの高さがあり、近くに高台がなく、高いビルもなかったことから、逃げ場を失った市民の死者行方不明者は1、173人にも上りました。

高田町の死者行方不明者の中には、広田中学校でお世話になった教頭先生や教務の先生、学年長の先生も含まれていました。皆、すでに退職されていたので、自宅で津波に襲われたようです。

彼らだけでなく、退職後に津波で亡くなられた先生は、確認できた方だけでも51人、彼らの奥さんや旦那さんも合わせると91人にも上り、命は助かったものの最愛の妻や夫を亡くされた先生、我が子を亡くされた先生もいました。

当時は、電話や携帯電話が繋がらなかったので、お世話になった先生や教え子たちの安否は、テレビや新聞の情報だけが頼りで、初任校の学年長の先生が亡くなったことも新聞で知りました。震災からしばらく経ってからのことです。

彼は、退職後、地域の民生委員として活動し、当日は高台に一旦は避難したのですが、新聞には「近所のお年寄りの姿が見えないと、周囲に言い残して町に引き返し、そのまま帰らぬ人になった」と書かれていました。

彼とは二校目の第一中学校でも一緒に勤務し、学校には彼の長男と次男が通学していましたが、残念ながら、長男も津波で亡くなりました。とても愛嬌があり人気のある生徒さんでした。

震災関連の番組（全国放送）からも、教え子や知人の安否を知りました。

一夜で妻子、両親、祖父母を失った電気店の息子さんは、生徒会で活躍していた教え子でした。テレビに映るふっくらした丸顔は、中学校時代の面影そのままでしたが、マスコミに取材される姿は痛々しく感じました。

瓦礫の町で妻と孫を探し続ける男性は、教え子の義父で、男性が探していた孫は彼女の子どもでした。彼女は、我が子と義母を一緒に亡くしたのです。

中学校時代の彼女は家族思いの優しい子でした。彼女の人生にこんな悲劇が待ち受けているとは思いも寄りませんでした。

自社ビルの煙突までよじ登り一命をとりとめ、後に、そのビルを民間遺構として保存を決めた米沢商会代表の男性は、津波で両親と弟を亡くされていますが、彼の弟さんは、私が担任した生徒です。友達と遊んでいる時の嬉しそうな顔が今でも目に浮かびます。亡くなられたご両親には、保護者として大変お世話になりました。

避難所に指定されていながら、屋根まで浸水し百人近くが犠牲になったという市民体育館で、屋根裏の隙間に流され奇跡的に助かったという三人のうちの一人が、市役所に勤めていた教え子だったことを知ったのは震災から一年半以上も経ってからのことでした。彼の体験は想像を絶するものだったに違いありません。

町の端から端まで被災した陸前高田市高田町

復興工事中の陸前高田市（中央が気仙川）

高田町ではありませんが、震災の翌年、国立劇場で開催された第一回東日本大震災追悼式で岩手県の遺族代表として追悼の言葉を述べられた大槌町の男性もかつての保護者でした。

彼は、壇上で、震災で妻と孫を亡くした無念さを天に仰ぎ、復興に万進することを誓われましたが、そのお孫さんの母親は教え子でした。

先ほど、我が子と義母を亡くされた教え子の話をしましたが、大槌町には、我が子と実母を一緒に亡くした教え子がいたのです。最愛の家族、夫や妻子を失った教え子は他にもたくさんいます。

震災から三年目、大槌町内の食堂で、震災後に生まれた赤ちゃんを抱きかかえている彼女に偶然出会うことができました。交わす言葉は見つかりませんでしたが、胸が熱くなりました。

陸前高田市と大槌町だけで12年暮らし、しかも、教師という人と関わる職業なのでしかたがないのですが、震災で亡くなった人たちを教え子や同僚、知人だけでなく、彼らの家族にまで広げると数え切れませんでした。

夫や妻、娘や息子を亡くした人には、震災から十年以上過ぎた今でもどのように接したらよいか分からず、声をかけられない人がいます。

## 3　大槌町大槌地区と大槌中学校

大槌町では、津波と同時に至る所で火災が起きました。火災が激しかった地区は、瓦礫より、焼け落ちた建物や半壊した構造物が目につき、まるで戦争映画の市街戦の跡を見ているようでした。

火災による被害は、山田町も顕著で、宮城県気仙沼市鹿折地区の火災はさらに大規模でニュースで生中継されていました。

大槌町の死者・行方不明者数は1、278人。全壊、半壊した家屋は3、

071棟。当時、人口15、277人、総世帯数5、647戸の大槌町は、町民の10人に1人が亡くなり3分の2の世帯が家を流されました。
行方不明者は震災から一年経っても470人を超えていて、その人数は、今日まで大きく変わりません。陸前高田市と同様に、ここでも、教え子、保護者、知人がたくさん亡くなりました。

当然ですが、赴任した大槌中学校の生徒の被災状況は凄まじく、冒頭で紹介したように、全校生徒の半数が家を失い、ほとんどの生徒が身内や知人を亡くしていました。

大槌中学校は、河口から2キロも上流にあったにもかかわらず、校舎の一階は水没し、町方（海側）に面した教室は火災で焼け焦げました。
校舎を失った中学生は、三年生は大槌高校で、一年生と二年生は大槌町立吉里吉里《きりきり》中学校で、それぞれ教室を借りて授業を再開し、全校生徒が再会できたのは、仮設校舎が建設された半年後の9月末でした。

大槌中学校区の4つの小学校（赤浜小、安渡小、大槌北小、大槌小）はすべて被災し、吉里吉里《きりきり》小学校や山田町の陸中海岸青少年の家で授業を再開し、中学校と一緒に、半年後の9月に中学校と渡り廊下で結ばれた仮設校舎に入りました。

私が以前大槌町で暮らしていたアパートは土台だけを残し、そこには、地震による地盤沈下で海水が入り込んでいました。

このアパートには大家さんも家族で暮らしていたのですが、残念ながら大家さんは津波で亡くなっていました。当時中学生だった娘さんが、大槌中学校に子どもを通わせる母親になっていて教えてくれました。

肉料理や魚の煮込が上手な大家さんで、よくご馳走になりました。大家さん手作りの腸詰（ウインナー）を思い出しました。

津波と火災で被災した大槌町

震災前の大槌町

## 4　大船渡市三陸町越喜来と越喜来中学校

越喜来中学校は大船渡市三陸町越喜来にありました。位置的には、陸前高田市と大槌町の中間ぐらいにあたります。

高台にあった越喜来中学校は津波の被害はなかったのですが、崎浜、越喜来、甫嶺《ほれい》の三つの小学校区はすべて被災しています。越喜来の地形は広田半島とよく似ていて、U字型の入り江に沿った集落が被害にあいました。

人口の少ない越喜来の被害できわだったのは、特別養護老人ホームの被害です。入居者の8割を超える56人が犠牲になりました。いわゆる災害弱者が被害にあったのです。

この老人ホームは越喜来中学校の坂道を下った所にあったので、生徒がボランティア活動で訪問していました。生徒のショックは大きかったと思います。

東日本大震災では、岩手、宮城、福島三県の高齢者入所施設が少なくとも59カ所被災し、高齢者と職員合わせて578人が死亡、行方不明になったと報道されています。

## 吉浜の奇跡・職住分離

越喜来の北側にある大船渡市三陸町吉浜は、広田町や越喜来と同じような地形だったにも関わらず、津波の被害は極端に少なく、被害家屋は4戸で、犠牲者は一人でした。

これは吉浜が、過去の津波を教訓に低い土地は田畑にして、高台や斜面に住居を移すという「職住分離」を進めていたことが大きな理由です。

吉浜中学校も、沿岸の学校では異例とも言えるほど高い場所に建てられていました。震災後も、周囲を林で囲まれた校舎で静かに授業を続け、被災地の学校に見えなかったのが印象的でした。

東日本大震災後、被災した多くの自治体は、市街地の嵩《かさ》上げを選択しましたが、「職住分離」を進めてきた吉浜が、東日本大震災でもほとんど被害を受けなかったことにもう少し注目が集まれば、震災後の町づくりは変わっていたかもしれません。

## 5　陸前高田市気仙町と気仙中学校の被害

陸前高田市立気仙中学校は、震災後に大槌中学校の次に勤務した学校です。気仙町の被害も甚大で、気仙川の河口付近の中心街と、広田湾に面した海岸沿いの水産加工場は全て流され、震災から4年経っても気仙中学校の生徒の8割近くが仮設住宅からスクールバスで通学していました。

気仙中学校は、仮設校舎ではなく、山里の廃校（旧矢作中学校）を利用した「借校舎」で学校生活を再開しましたが、元々の校舎は「奇跡の一本松」から気仙川の対岸に見える三階建ての白い建物です。現在は震災遺構として内部が公開されています。

地震が発生し津波が押し寄せるまでの様子は、当時の越恵理子校長先生が次のように振り返っています。

気仙中学校では、翌日の卒業式に向けて体育館で合唱練習に取り組んでいました。地震が起きたとき、体育館の壁は崩れ、気仙川の水の引き方も尋常ではありませんでした。地震発生から、津波が堤防を乗り越え、校舎が飲み込まれるまでに、四度も避難場所を変え、津波が襲来したときには、杉林の中で生徒を励まし続けました。

気仙川の河口に押し寄せた津波は、校庭わきの堤防を一気に乗り越え、校舎の屋上まで浸水しています。

避難後の様子についても、校長先生は次の様に続けています。

近くの二日市公民館に入り、最終的な避難所となった長部小学校にたどり着いたのは三日目。公民館では二枚の毛布を三人の生徒で使用し、余震の恐怖と寒さに震えながら、二晩そこで過ごしました。（避難所生活をしながら）最後の生徒を保護者にお返しするまでに20日間かかり3月31日に三年生に卒業証書を渡し、そして、4月20日には借校舎（旧矢作中学校）で入学式を挙行できました。

この話の最後に越校長先生は、卒業証書を手渡した時、保護者の代表からいただいた「全員の子どもたちの命を守ってくださりありがとうございました」という言葉が宝物になっていると結んでいます。

校長先生のお話の通り気仙中学校の避難は壮絶でしたが、同校の苦難は、その後も続きました。

校歌に「愛宕の山の裾近く」と歌われている「愛宕山」が、復興工事の盛り土のために山頂から削られ、工事が終了した時には、元の高さより70メートルも低くなったのです。

町が消え、校舎が全壊した生徒たちが、次に目にしたのは、復興工事の中で小さくなっていく古里の山でした。「校歌の山が消える」こんな体験をした生徒は他にはないと思います。

気仙中学校より川上にあった気仙小学校も津波に飲まれ、窓ガラスは校舎

震災遺構として保存された気仙中学校（左側の白い建物）

屋根まで浸水した気仙小学校の体育館

の三階まで壊れ、水没した体育館の屋根は激しく変形していました。当時、気仙小学校の児童だった生徒が「避難の途中、津波で足が濡れた」と話していたので、こちらも間一髪の避難だったようです。

## 6　エビデンス

ここまで、東日本大震災の様子を、私が震災前に勤めていた中学校と学区の被害を中心に紹介してきましたが、私と被災地との関わりもお伝えできたことと思います。

さて、話は変わりますが、津波による岩手県の死者・行方不明者数は、陸前高田市高田町と大槌町がきわだっていました。

人口に対する割合でも、陸前高田市高田町や大槌町は大きく、逆に陸前高田市広田町や気仙町、大船渡市三陸町の割合は小さくなっています。

たとえば、陸前高田市高田町は15・4％（人口7、601人に対して死者行方不明者1、173人）だったの対して、広田町の死者行方不明者の割合は1・6％（人口3、749人に対して震災関連死を含む死者行方不明者56人）と極端に低くなっていました。＊数値は平成26年度のものです。

東日本大震災では、陸前高田市高田町や大槌町のように町が平坦で高台まで遠い場所での犠牲者が多く、逆に、広田町や気仙町、大船渡市三陸町越喜来のように集落の背後が山に囲まれていた地域の犠牲者は少ないという傾向が見られ、津波に足をすくわれても、短い時間で避難できる高台が近くにあれば、助かる確率は高かったのです。

さらに、高田町や大槌町は町が平坦なだけでなく、15メートルを超えた津波より高く頑丈な建物が限られていました。

高田町で建物に避難して助かったのは、県立病院、市役所、スーパーの最上階や屋上に避難した僅かな人たちだけで、市内に高くて頑丈なビルがたくさん建っていたなら、もっと多くの人たちが助かったように思います。

これは、立地条件による被害の違いについてふれたものですが、津波による生死を分けた理由は他にも「地震が起きた場所（震源）からの距離」「地震や津波が発生した時刻」「津波が到達するまでの時間」「防波堤への過信」などたくさん考えられるのです。

もし、あの地震が青森県や北海道の沖で起きていたなら、津波の被害の様子は全く違っていたはずです。「深夜に町が津波に襲われていたら…」と思うと、想像するだけでぞっとします。

ところが、震災後のテレビや新聞では、このことにはあまりふれられず、「日頃の避難訓練や防災・減災学習が生死を分けた」というような報道が目立ち、その傾向は今も変わっていないような気がします。

避難訓練や防災・減災学習は大事なのですが、沿岸に暮らしていた時に、各市町村の避難訓練の取り組みや、各校の防災・減災学習の取り組みに、大きな違いは感じられませんでした。言い換えれば、どの学校も「津波は必ずくる」と想定して、工夫を凝らしながら避難訓練や防災・減災学習に真剣に取り組んでいたのです。

たとえば、大船渡市の小中学校では登下校中の避難訓練も実施し、過去の津波をテーマにした自作劇を発表し続けてきた学校もありました。

東日本大震災で、岩手県では津波が学校を襲ったとき、先生と一緒にいた児童生徒は、どの学校でも全員無事で一人の犠牲者も出さなかったのですが、これは日頃から皆で取り組んできた避難訓練や防災・減災学習の成果・賜物とも言えるのです。

それでも、残念なことですが、あの津波で、岩手県だけでも91人もの児童生徒が死者・行方不明者となっています。

理由は様々ですが、津波が襲って来た時に自宅や町にいた児童生徒たちで、その約6割は高校生でした。高校生の犠牲者が多かったのは、県内の高等学校は3月1日前後に卒業式が行われ、卒業生の多くはすでに登校していなかったからです。彼らは津波が襲ってきた町の中にいたのです。

普通に考えれば、小中学生より高校生の方が機敏に避難できると思うのですが、彼らは、機敏さだけはどうにもならない状況や日頃の訓練を生かすことができない状況に置かれていたに違いないのです。

これから起きる災害で、少しでも被害を減少させるためには「何が彼らの生死を分けたのか」このことについて、もう一度しっかり見直す必要があり、これからの避難訓練や防災・減災学習は、エビデンスに基づいて行う必要があるのです。エビデンスというのは科学的な証拠、裏付けのことです。

避難訓練や防災・減災学習に限ったことではないのですが、インターネットが普及して、私たちは、毎日様々な情報にさらされています。その情報が本当なのか。嘘なのか。証拠はあるのか。これからの時代は、エビデンスを意識して生活することがとても大事になります。

# 第二章

# 奇跡の生徒

皆さんは、家を流され肉親や知人を亡くした生徒たちが、仮設校舎でどんな表情で、学校生活を送っていたと思いますか。

悲しみに打ちひしがれ沈んでいるかもしれない……

希望を失い投げやりなっているかもしれない……

私は、こんな不安を抱きながら、被災地に赴任しました。

ところが、私が大槌中学校で出会った生徒たちは、皆、いつも笑顔で、朝は「おはようございます」。廊下ですれ違う時は「こんにちは」。下校時には「さようなら」。と、一日に何度も挨拶を交わしてくれました。

修学旅行を楽しみ、運動会や部活動にも本気で取り組み、普通なら苦痛であるはずの全校マラソンでさえ、ニコニコしながら友達と横並びでゴールに帰ってくるのです。掃除にも一生懸命取り組んでいました。

驚きでした。全校生徒の3分の2以上が被災し、半数の生徒が仮設住宅で暮らしている学校です。被災地のど真ん中で、まるで奇跡を見ているような気がしました。

この章では、仮設校舎で生活する大槌中学校の生徒、九百年の伝統をもつ「けんか七夕太鼓」を継承する気仙中学校の生徒、そして、避難所運営に積極に携わった大槌高校の生徒の様子を紹介しながら、被災地の子どもたちが、なぜ明るく前向きに生活できていたのか、彼らの笑顔の源と、学校の役割について考えてみたいと思います。

## 1　仮設校舎の生活

生徒の笑顔とは裏腹に、仮設校舎の生活は決して快適ではありませんでした。

仮設校舎は、貨物列車のコンテナを積み重ねたようなつくりで、気密性が高いので冬は暖かいのですが、夏は鉄板の屋根と外壁が熱せられ、庇《ひさし》もなかったので、残暑が厳しかった震災の翌年は、午後になると校長室の温度計は連日38℃を超えていました。教室も同じです。

校庭は、仮設校舎が建てられた場所が元々はサッカー場だったので、サッカー場の半分が校舎に、残り半分が校庭に割り当てられました。小、中合わせて約700人が利用す

大槌中学校の仮設校舎

るには少し狭い校庭でした。

仮設体育館は、バレーボールコート一面取るのがやっとの広さで、常設のステージはありません。この小さな体育館を、小学一年生から中学三年生まで利用するので、授業時間は小学校が使用し、放課後は中学校が部活動で使用するというルールがありました。

中学生は体育の時間になると、少し離れた勤労青少年体育館に走り、外で運動する時は、その隣の野球場で準備体操をしていました。

卒業式や入学式、文化祭等の学校行事は、スクールバスを借りて町の公民館（城山体育館）まで移動します。

残念なことに、大槌中学校の仮設校舎には図書館はありませんでした。

こんな風に仮設校舎の生活はとても不便でしたが、仮設校舎の生活に不満を口に出す生徒は一人もいませんでした。

不満どころか、昼休みになると、遊び盛りで体を動かしたい中学生が、文句一つ言わずに小学生に校庭を譲るのです。その光景はとても微笑ましく、生徒の優しさや温かさがにじみでていました。逆境の中で中学生たちは、優しいお姉さん、お兄さんに成長していたのです。

仮設校舎や仮設住宅で不便な生活をしながら、優しく成長している生徒を見ていると、教育には、建物以上に大事なものがあるような気がしました。

勉強も同じだと思いました。皆さんは、校舎が立派なら勉強できますか。あるいは、自分の勉強部屋があれば今以上に勉強しますか。私は、そうは思いません。

立派な校舎も勉強部屋も、あれば、それに越したことはないのですが、不便な環境でも一生懸命勉強する生徒を見ていると、勉強は、校舎や勉強部屋より「やる気」の方が大事だと思いました。
勉強で印象に残っているのは気仙中学校の生徒たちです。
8割近い生徒が仮設住宅で生活をしながら、当時の三年生は、全員が英語検定に合格し、しかも、8割の生徒が3級以上に合格していました。
震災後の生活は楽ではなかたのですが、彼らは「やる気」では誰にも負けない生徒たちでした。

# 3年生全員 英検に合格

## 力つけ3級以上80％

陸前高田・気仙中

陸前高田市矢作町の気仙中（鈴木利典校長、生徒83人）の3年32人は、全員が英検の資格を取得している。東日本大震災の影響で校舎が全壊し、以前の校舎から離れた場所に通学する中、約80％が3級以上に合格。生徒の地道な努力と全国からの温かい支援が大きな成果に結びついた。

全員が英検の資格を取得した気仙中の3年生

### 全国の支援も後押し

先日卒業式を終えた3年生は中学卒業程度の3級に22人、高校中級程度の準2級に3人の生徒が合格。2年生27人は3級4人、4級17人、5級5人。1年生24人は4級1人、5級19人と、全校生徒の大半が英検に合格している。

佐々木麻有さん（3年）は「入学時は英語が苦手だったけど、英検合格がきっかけで、実力がついたのを実感してやる気が出た」と実力を伸ばし、昨年10月、3級に合格した。

同校は同市気仙町にあった校舎が震災の津波で全壊。自宅が被災し、仮設住宅から学校までスクールバスで通う生徒も多い。

こうした中、バスを待つ1時間半程度を1、2年生は部活動、3年生は学習に充て入試や英検に向けて努力を重ねてきた。

周囲の支援もこの成果を後押しした。同市は教育支援の基金や全国からの寄付金で中学生の英検受験料を全額援助。学校は復興支援の義援金で英検の模擬問題集を購入して貸し出すなど、多くの人が生徒を支えてきた。

英語の金野直教諭は「支援への感謝を忘れず、世界中の人に震災を伝えられる力をつけてほしい」と願う。

準2級まで合格し、4月から高田高に通う菅野彩瑛さん（3年）は「海外と交流がある高校なので、さらに上の級の実力をつけ海外の友人をつくい」と意欲を見せ

（3年時・3級合格者）

2015年　岩手日報

## 2　鈍刀を磨く

逆境の中で輝いて生きる被災地の生徒たち、彼らと一緒に暮らした4年間は、生涯忘れることのない思い出になりました。

その中でも特に忘れられないのは、仮設校舎の廊下に雑巾がけをする生徒のことです。

彼女は、津波で母親を亡くしています。そして仮設校舎に入学し、仮設校舎から巣立っていきました。新校舎が完成し、仮設校舎は取り壊されましたが、彼女にとっては、仮設校舎が一生記憶に残る唯一の「校舎」です。

その彼女が、仮設校舎の廊下に膝を着き、袖をまくり上げ、床を一心に磨き続ける姿を見ていると、魂の詩人と言われた坂村真民先生の「鈍刀を磨く」という詩に重なるのです。

## 鈍刀を磨く

坂村眞民

鈍刀をいくら磨いても
無駄なことだというが
何もそんなことばに
耳を貸す必要はない
せっせと磨くのだ
刀は光らないかもしれないが
磨く本人が変わってくる
つまり刀がすまぬすまぬと言いながら
磨く本人を光るものにしてくれるのだ
そこが甚深《じんしん》微妙《みみょう》の世界だ
だからせっせと磨くのだ

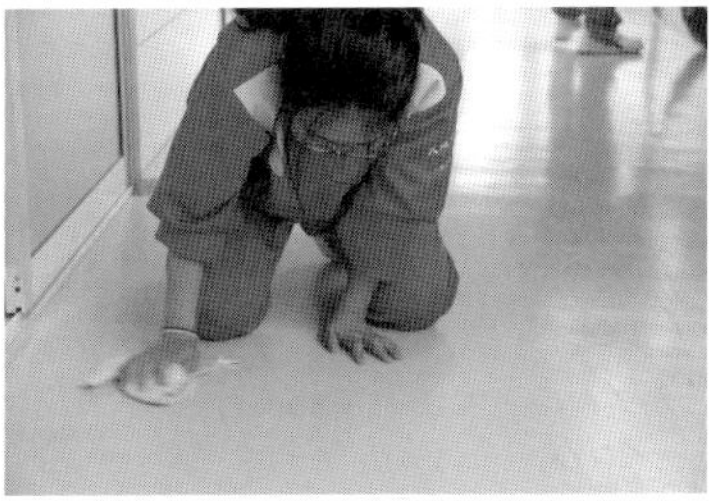

仮設校舎を清掃する生徒

仮設校舎の床の方から「すまぬすまぬ」と声が聞こえるようでした。鈍刀を磨き続ける刀研師のように、床よりも、彼女の方が輝いて見えました。被災校に勤務して、偶然出会った奇跡のような光景です。

彼女のように、奉仕、勤労、感謝の気持ちが自然に行動に現れ始めた生徒たちに、町の人たちは「震災で我々はすべてを失った。言葉は悪いかもしれないが、唯一得たものがあるとすれば、それは子ども（生徒）たちだ」と、誇らしげに語っていました。

岩手の子どもたちが、豊かな自然と、地域、家庭という大きなゆり籠で培ってきた優しさ、信念、決して挫けず希望をもって生きようとする底力が、震災という逆境の中で見事に開花したように見えました。

東日本大震災は日本人の働き方や生き方を変えると言われましたが、私には、被災した生徒たちが「仮設校舎から日本を変えようとしている」そんな気がしてなりませんでした。

仮設校舎を熱心に水拭きする彼女の姿を忘れることはないと思います。

## 3 「けんか七夕太鼓」の継承活動

仮設校舎で生活する大槌中学校の生徒の笑顔に驚かされたのですが、家を流され、市内各地の仮設住宅からスクールバスで通いながら、伝統行事の「けんか七夕太鼓」に打ち込む気仙中学校の生徒の姿も忘れられません。

「けんか七夕太鼓」は気仙町今泉地区に九百年伝わるという伝統行事です。毎年8月7日、みちのく仙台が七夕で賑わっている時、気仙町では、4つの町が七夕を飾った大きな山車を曳き、この山車どうしを「よいやさー」というかけ声で勢いよく正面からぶつけ合います。これが気仙町の「けんか七夕」で、この祭りに欠かせないのが「けんか七夕太鼓」と囃子です。

この祭りを目指して、気仙中学校の三年生は、中総体が終了すると、毎日のように体育館で太鼓練習に汗を流していました。

太鼓を叩くのは男子が中心で、女子は、囃子（横笛）で「けんか七夕」を盛り上げます。全員、腹に晒、頭に豆絞りという正装で参加し、その上に揃いの半纏を羽織ります。

晒と豆絞りの着付けは保護者が担当し、太鼓や笛は、保存会の人たちが教えてくれていました。

「けんか七夕太鼓」の打ち方には、山車を曳くときに打つ「歩み太鼓」。けんかを待つ「休み太鼓」。そして、山車をぶつける時に激しく打ち続ける「けんか太鼓」があり、最高潮の「けんか太鼓」に入ると、生徒は半纏を脱ぎ捨て、晒一つで豪快に太鼓を打ち鳴らします。

中学生とは言っても、体格では大人に負けない三年生が、大きな太鼓を一心不乱に打ち鳴らす姿は勇壮で、町民から惜しみない拍手、喝采が贈られていました。

気仙町今泉地区の被災率は96％にも上り、山裾にわずか二、三軒の家を残して町は壊滅しましたが、この日だけは元の町並みのあった場所に多くの町民が「けんか七夕」を楽しみに帰ってきます。

気仙中学校の「けんか七夕太鼓」のように、被災地では虎舞、神楽、獅子踊り、剣舞、祝い唄等々、多くの学校が郷土芸能を継承し続け、保護者や復興に取り組む人たちを元気づけていました。

九百年続く気仙町伝統のけんか七夕

太鼓で祭りを盛り上げる気仙中学校の生徒

## 4　「ぼくらは生きる、ここで、このふるさとで」

気仙中学校の生徒に心を動かされたのは太鼓の他にもう一つあります。それは、校歌と合唱曲「空～ぼくらの第2章～」を歌う姿です。「空～ぼくらの第2章～」は、作詞家の深田じゅんこさんと作曲家の大田桜子さんから気仙中学校にプレゼントされたオリジナル曲です。

この曲がプレゼントされたのは震災の年で、私が気仙中学校に勤務したのは震災から4年目でしたが、生徒は「空～ぼくらの第2章～」を先輩から後輩へと大切に歌い続けていました。

空よ　青い風の中
ぼくらはここにいて

あなたを見つめている
—略—
限りない優しさに包まれて
ぼくらは生きる
歩き出すぼくらの背中を
空が見つめている
—略—
ぼくらは生きる
ともに歩き続ける
ここでこのふるさとで

深田じゅんこ作詞、
太田桜子作曲
空～ぼくらの第2章～（教育芸術社）

生徒は「空」を「あなた」と呼び、「空」は限りない優しさで生徒を見つめます。そして生徒は、その「空」に、ふるさとで強く生きていくことを誓っています。この歌を聴いていると、私には「空」が津波で亡くなった人たちに思えてきました。

楽譜が出版され、この曲は全国で歌われ始めていました。

入学式で全校生徒が「空～ぼくらの第2章～」を歌っているという船橋市立三山中学校は、中部地方で実施していた二年生の修学旅行を被災地での民泊と学習旅行に変更し、震災から5年目の年に気仙中学校を訪れ、全校生徒と一緒にこの曲を合唱しました。

翌年に、今度は気仙中学校の三年生が関東方面の修学旅行で三山中学校を訪問し「けんか七夕太鼓」を披露しています。

九州の福岡市立宇美東中学校も、全校生徒でこの曲を合唱し、その様子をビデオに収録して、大宰府天満宮の合格祈願のお守りと一緒に届けてくれました。太宰府天満宮には学問の神様として有名な菅原道真が祀られ、宇美東中学校は、この神社の近くにあります。

震災遺構として残された気仙中学校の校舎に、生徒と一緒に「ぼくらは生きるここでこのふるさとで」と言うスローガンを掲げましたが、これは生徒が「空～ぼくらの第2章～」の一節から選んだ言葉です。

気仙中学校の生徒は、日常生活の中では、とりわけて震災や復興を口にする生徒たちではなかったのですが、被災校舎にスローガンを掲げ「空～ぼくらの第2章～」を歌い継ぐ姿を見ていると、彼らが震災で失われた命と真剣に向き合っていることがよく分かりました。「復興は自分たちが担う」そんな力強い声が聞こえるようでした。

「空～ぼくらの第２章～」を熱唱する生徒

被災した校舎に気仙中学校が掲げたスローガン

## 5　気仙中学校の選択～清流に癒される日々～

気仙中学校の生活で思い出に残るのは、山里の借校舎です。周囲を緑に囲まれ、谷間の涼しい風が通り抜けていました。プレハブの仮設校舎とは比べようのない快適な環境でした。

騒音とも無縁で、被災地では復興工事が盛んに行われ、数え切れないトラックや重機が動き、気仙町でも校歌に歌われる愛宕山が毎日削られ、巨大なベルトコンベヤーで砕石が市街地に運ばれていましたが、ここには、小鳥のさえずりや小川のせせらぎが聞こえる静けさがありました。

夏には、矢作川（二又川）が格好の遊び場になり、部活動を終えた生徒が競うように川に飛び込みました。

矢作川は気仙川の支流にあたり、流域の深い森には保水力と濾過《ろか》作用があり、晴天が続いても多少雨が降っても川の水位はほとんど変わらず、水は驚くほど透明でした。

青空に入道雲が浮かび、木陰から蝉しぐれが聞こえる清流で、生徒たちが川遊びをしている様子を思い浮かべてみてください。彼らが津波で故郷を失った生徒には、とても見えなかったと思います。

気仙中学校が、気仙町から遠く離れた山里の校舎を借りて学校再開を決めた時、生徒も保護者も、皆、戸惑ったと聞きました。

実際、全校生徒のほとんどがスクールバスでの通学となり、市内全域の仮設住宅から生徒が乗車するので、学校から一番遠い生徒は、朝7時に乗車し学校に到着するのは8時でした。彼らは、毎日往復2時間84キロもバスに揺られていたのです。

放課後の活動もスクールバスに制限され、運動部の活動は、近隣の学校より30分から1時間ほど短くなっていました。

それでも、桜が散り、新緑の季節を迎える頃には、生徒も保護者も、ここでの生活が気に入りはじめ、保護者は「この校舎から我が子を卒業させたい」と話すようになったと言います。この保護者の思いは震災から4年経っても変わっていませんでした。

生徒たちも、限られた時間を有効に使い、バスの出発時刻の直前まで部活動に取り組み、挨拶、片付け、移動をわずか5分たらずでこなしていました。部活動の練習が終了しスクールバスに乗車するまでの行動は驚きの早さでした。

先に話した通り、勉強は建物ではなく、被災地の生徒たちは、仮設校舎でも借校舎でも一生懸命学んでいましたが、自然に囲まれながら生活している気仙中学校と、被災地のすぐ近くに建てられた仮設校舎の大槌中学校との二つの生活を体験してみると、被災した生徒が心を癒す場としては、気仙中学校のような環境が望ましいと肌で感じました。

「仮設校舎」と「山里の借校舎」。

もし、皆さんの学校が津波で被災したなら、どちらを希望するでしょうか。

気仙中学校の選択は、被災後の学校の在り方について、深く考えさせてくれます。

川遊びを楽しむ気仙中学校の生徒

## 6　艱難辛苦汝を玉にす

これは「艱難辛苦汝を玉にす《かんなんしんくなんじたま》」と読みます。困難や苦しみが人間を成長させるという西洋のことわざです。

震災を通して、生徒が大きく成長した高等学校がありました。避難所運営に生徒が積極的に関った岩手県立大槌高等学校です。

その変化に、町の人たちは、中学生と同様に「津波で何もかも失ったけれど、もし、津波で得たものが有るとすればそれは子どもたちだ」と口にし、同校の高橋和夫校長先生も「生徒は震災を体験し、大きく成長した」と目を細めていました。

津波で小中学校がすべて被災した大槌町では、高台にあった城山公民館（体育館）と大槌高校が避難所の拠点になりました。
このとき大槌高校は、避難者に体育館だけでなく「教室まで」開放したのです。震災直後は五百人前後、ピーク時には千人に近い町民が同校の校舎で避難所生活を送り、大槌高校の避難者の受け入れは8月まで続きました。

意外に思うかもしれませんが、震災後、小中学校の多くは避難所となったのですが、避難所となった高等学校は少なく、さらに「教室まで」開放した学校はほとんど無かったのです。

大槌町では町役場が津波に飲まれ、町長を始め職員が40人も犠牲となり、震災直後は、災害対策本部が機能しなかったことから、大槌高校の避難所は孤立していました。
その深刻な状況で、大槌高校は避難者と直接会話し、その後は医療機関や支援団体との調整も行い、先生方は週に5日は避難所運営に携わり、保健室の先生や女の先生は、看護師と一緒に体調不良者や病人の対応にも当たりました。さらに、大槌中学校（三年生）や幼稚園の受け入れも行っていたのです。

高橋校長先生は「生徒たちはトイレを清掃し、支援物資の配給、食事の提供を手伝い、避難所生活が長引くなかで、自分たちで積極的に仕事を見つけ、冷たい水での食器洗いまで行った」と、当時の生徒の様子を振り返っています。避難者名簿用の用紙も高校生が自ら作ったといいます。

震災から一年後、大槌高校は大槌中学校の兄姉校だったので同校の授業を見る機会がありました。

避難者はすでに仮設住宅に移り、校庭から自衛隊のトラックやテントは消えていました。かわりに、静まりかえった校舎から聞こえてきたのは先生方の声で、教室をのぞくと、避難所運営に携わった生徒たちが、黙々とノートを取っていました。高校生たちの眼差しは次の目標にしっかり向かっていました。
震災後の高校生の活躍は町でも評判になり、この変容ぶりに高橋校長先生は目を細めていました。

大槌高校では、あの日、卒業式を終えた三年生5人を含む6人が犠牲になりました。317人の生徒の中で家族が犠牲になった生徒は37人、震災遺児・孤児は14人にも及び、半数以上の生徒が避難所で新年を迎えました。

大槌高校の生徒の変容と活躍を紹介しましたが、生徒が受けていた心の傷は計り知れないのです。

自衛隊の車両が並ぶ校庭

# 第三章

# 笑顔のみなもと

## 1　生徒の大切な居場所だった学校

仮設校舎を訪れた人たちは、異口同音に「生徒が明るいのはなぜか」という質問を繰り返しました。

そして、多くの人が「生徒が周りに心配をかけないようにしている。背伸びをしている」と考えました。

実は、私も、最初の頃は、そう考えていました。

たしかに、震災を経験した生徒たちは、相手を気遣える人間に成長し、自分の辛さより「親や先生に心配をかけたくない」と思いながら生活していたようです。

しかし、被災地で生徒と一緒に生活していると、私にはどうしても、生徒が背伸びしているようにも、つくり笑顔をしているようにも見えなくなったのです。

彼らの笑顔は「本物」で、その理由は「学校が楽しいから」「友達といる時が楽しいから」だと自然に思えるようになったのです。

被災地の生徒の一日は、仮設住宅と学校との往復です。仮設住宅では窮屈な生活を強いられ、工場や職場が流され仕事を失った保護者が多かったので、経済的にも苦しかったはずです。

学校から仮設住宅に帰る生徒を待っているのは厳しい現実でした。

それでも、生徒は、スクールバスに乗り学校に到着すれば、友達が待っていて、一緒にお喋りをしたり、給食を食べたり、部活動で汗を流すことができたのです。

それまでの私は、学校は勉強する場所と当たり前のように思っていたのですが、被災校に勤務してみて「学校は生徒たちの大切な居場所」だったことに気づかされました。

あれほど悲惨な体験をしながら震災を乗り越えられたのは「学校が再開し友達と悲しみや辛さ、勇気や希望を分かち合えたから」だと思うと、彼らの笑顔が「本物」に見えてくるのです。

同時に、もしそうであれば被災校は、何はともあれ「生徒が安心して生活できる場所、生徒にとって楽しい場所でなければならない」と思いました。

そして、「学校は生徒が安心して生活できる場所」「学校は楽しい場所」というのは、被災校に限ったことではなく、私たち教師は、全国のすべての生徒が「明日も学校に行きたい」「早く友達に会いたい」と言ってくれるような学校をつくらなければならないとも思いました。

借校舎で運動会練習に取り組む生徒

## 2　支援物資に支えられた学校生活

被災地の生徒が笑顔を失わなかったのは、「学校が楽しいから」「友達といる時が楽しいから」と話してきましたが、これらは、心の支えとも言えるものです。

被災地の子どもたちの笑顔は、全国から寄せられた義援金や支援物資にも支えられていました。そのいくつかを紹介します。

### 赤いくつ、白いくつ

大槌中学校に勤務して間もなく、5月の運動会に向けて練習が始まりました。運動会はサッカー場半分の小さなトラックで行います。

一周150メートルのトラックを、4人一組のムカデ競争に取り組む生徒たちの足元を見ると、指定靴であるはずの運動靴が赤、白、赤、白と並んでいました。運動靴は支援物資で、届いた時期と色が違っていたのです。玄関の下駄箱を見ると色の違いは一目瞭然です。

登校時に生徒が背負ってくるスクールザックも、多くは支援物資で、色や形が不揃いで、色が褪めたスクールザックや、背丈と合わないものを背負っている生徒もいました。よく見ると校章が違うものまでありました。

自転車置き場に目を向けると、白や黄色、ラインが有るものや無いものとヘルメットも不揃いで、こちらも支援物資であることが直ぐ分かります。当然、自転車も支援物資です。

生徒の足元や自転車置き場に目をやるだけで、着の身着のまま逃げて学校には戻れず、自宅も流された生徒たちの衣食住が、支援物資に支えられてい

赤いくつ、白いくつ

スクールザックも支援物資

ることがよく分かりました。

それでも、生徒は、くつの色が違っていても、小さなトラックからはみ出しそうになるくらい全力で走り、色が褪せたり大きさが合わなかったりするスクールザックを気にする様子も見せませんでした。

色や形が違っていても全力で走る生徒を見ていると、それまで、靴下の色や長さ、半袖シャツにワンポイントが有るか無いかで、生徒を指導してきた自分が恥ずかしくなりました。仮設校舎で生活する生徒たちから学ばされることはたくさんありました。

前に、仮設校舎の床を磨き続ける生徒の話から「大切なのは建物ではない」と言いましたが、身なりも同じです。人は、体裁をそろえたり、綺麗に着飾ったりすることより、中身「心」が大事なのだと改めて思いました。

## スクールバス

大槌中学校の仮設校舎の手前には、小、中合わせて十数台のスクールバスが駐車していました。

このスクールバスのナンバープレートを見ると「仙台」「庄内」「大阪」「帯広」等の文字が並び、「帯広」ナンバーのスクールバスの側面には「音更消防署」「ホテル大平原」と大きな文字まで書かれ、スクールバスのナンバーからも、大槌中学校が全国から支援されていたことがよく分かります。

北海道音更町は十勝川を挟み帯広市の北側にある町です。大槌町までは、飛行機と鉄道を利用してもまる一日の移動になり、車だとフェリーを利用するので二日がかりの移動になります。

この長距離を運転して音更町の人たちは、大槌中学校にスクールバスを送り届けてくれたのです。大阪ナンバーのスクールバスも、庄内（山形）ナンバーのスクールバスも同です。

震災直後、朝になると内陸と被災地を結ぶ国道にパトカーや消防車、自衛隊の車列ができました。全国から集まった緊急車両です。

被災地には宿泊できる場所が少なかったので、緊急車両の多くは宿泊施設のある内陸と被災地を毎日往復していたのです。

私は内陸で生活していたので、この車列を何度も目にし「ありがとう」という気持ちで涙を流したのですが、その車列の中を、遠く北海道や大阪から被災地に向かうスクールバスも走っていたことを思い浮かべたらまた涙が流れそうになりました。

気仙中学校のスクールバスは、地元の観光業者やバス会社が委託を受けて運行していたので、バスには「碁石観光バス」「奥州交通」の大きな文字が見え、三陸を代表する赤い椿の花まで描かれていました。

駐車場は、廃校した小学校の校門近くにあり、中学校からは少し離れていたのですが、それでも、気仙中学校の先生方は、毎日、雨の日も風の日も必ず生徒に手を振りながら見送りしてくれました。

そして、先生方から「さようなら」と見送られた生徒は、スクールバスのステップに足を掛けると、今度は、運転手さんから「おかえりなさい」と声をかけられます。

朝はその逆で、生徒は、運転手さんから「行ってらっしゃい」と声かけてもらいながらバスを降ります。運転手さんも生徒を我が子のように見守ってくれていました。

スクールバスを見送る気仙中学校の先生

全国から寄付されたスクールバス（ナンバープレート）

## 仮設住宅

大槌中学校では生徒の約半数が、気仙中学校では8割の生徒が仮設住宅で暮らしていました。大槌中学校と気仙中学校の仮設住宅の入居率が違うのは、大槌中学校には小鎚地区、金沢地区という海岸から離れた山間部の学区があったからです。

大槌中学校に赴任した時は、被災を免れた教員住宅で生活できたのですが、気仙中学校（旧矢作中学校）の近くには、教員住宅もアパートもなかったので、校庭に建てられた仮設住宅で生活することになりました。

仮設住宅の間取りは幾つかタイプがありますが、部屋数以外に大きな違いは無かったので、仮設住宅の入居者の一人として、仮設住宅の中の様子を少し紹介します。

校庭の仮設団地には、１棟に４世帯が入る長屋式の仮設住宅が10棟並んでいました。

長屋と長屋との間は物干し竿一本ぐらいの狭さで、窓を開けると真向いの台所や玄関が見えるので、ここでは、お互いにプライバシーを気遣い、昼でも窓やカーテンは閉めたままにしていました。

部屋は六畳、四畳半の二間で、玄関と続きの台所の奥にトイレとお風呂がありました。

押入は、畳の幅ぐらいの棚が上下にあるだけだったので、仮設住宅では、私物はもちろん、家具の置き場にさえ苦労していたようです。

夫婦と子ども（中学生や高校生）が別々に寝る家庭では、食後は居間にも布団を敷く必要がありました。

お風呂に脱衣所はなく、入り口にカーテンが付けられているだけだったので、年頃の子どもたちは恥ずかしい思いをしたかもしれません。

それでも、どの家庭にも、居間には真新しい仏壇があったので、仮設住宅を訪ねた時は、用事の前に仏壇に手を合わさせていただきました。

生徒にとって仮設住宅での生活は決して楽ではなかったと思います。自分の居場所を探すだけでも、ストレスが溜まったに違いありません。家庭学習も大変だったと思います。

それでも頑張れたのは、家族の支えがあったのはもちろんですが、前に話したように、学校に友達がいたからだと思います。

仮設団地には、独り暮らしのお爺さんやお婆さんも暮らしていましたが、あの頃はまだ仮設住宅を出られる目途はたっていませんでした。

被災地では、津波の被害だけでなく、仮設住宅に入ってからも7年、8年と大変な生活を強いられる方がたくさんいました。中には仮設住宅で誰にも看取られないで亡くなってしまう人もいて、とてもやるせない気持ちになりました。

気仙中学校の借校舎（奥）と校庭の仮設住宅団地

筆者が生活していた仮設住宅

## 3　支援者のよこがお

被災校には連日のようにたくさんの支援者が訪れました。大槌中学校にも、県内はもちろん、沖縄や北海道まで全国各地から支援者が訪れ、ハンガリーやカナダ、サウジアラビアなど海外からの支援者も訪れました。

皆、ボランティアで、楽器を演奏してくれる人、歌をうたってくれる人、義援金を届けてくれる人、食べ物を届けてくれる人と、彼らの支援は様々でした。

テレビや新聞で拝見する芸能人や著名人もいれば、親子やご夫婦、個人としてではなく会社の社会貢献活動を担って訪問される人もいました。

彼らの話にじっくり耳を傾けてみると、彼らが、なぜ貴重な週末に、あるいは、会社を休み、私財を費やしてまで被災地を訪れるのか、彼らの人柄や生き方が見えてくることがありました。

## 「いまいる。プロジェクト」

「いまいる。プロジェクト」は、北海道音更町に暮らす織田亜由美さんが中心となって立ち上げられた支援団体す。

大槌中学校の野球部は、この「いまいる。プロジェクト」に招待され、飛行機で北海道に渡り、音更町の皆さんに歓迎されながら、地元の中学生と交流試合をしたり、バーベキューをご馳走になったりと一生の思い出になる楽しい夏休みを過ごすことができました。

織田さんは、このたびの震災で弟さん一家を一度に失っていました。弟さんは、大槌町で水産加工業を営んでいたのですが、会社ごと津波に流されたたのです。

それから間もなく、織田さんのお母様が「息子がお世話になった大槌のために何かしてあげたい」と、靴下カバーを編み続ける姿を見て、自分も「弟が築いてくれた大槌との縁を大切にしたい」と思い立ち、仲間を集めて「いまいる。プロジェクト」を立ち上げました。「いまいる」には「今、居る」という存在の証と、「今、要る」ものを被災地に届けたいという二つの願いを込めたと語っています。

弟が築いた大槌との縁を大切にしたいという織田さんらの熱い思いから始まった交流は、その後も続き、次の年の夏休みには、大槌中学校と町内にあるもう一校の吉里吉里《きりきり》中学校の生徒が一緒に「語り部プロジェクト」として音更町を訪問しています。「語り部プロジェクト」については後で詳しく紹介します。

「いまいる。プロジェクト」の交流事業（上・下）

## 絆コンサートIN河内長野

次は、大阪府河内長野市の皆さんと大槌中学校吹奏楽部との交流のお話です。

校舎が被災し楽器を失った吹奏楽部は「風前の灯」のような状態でしたが、全国から支援を受けて見事に復活し、吹奏楽部の演奏は、被災地の内外で多くの人たちに夢や希望を与えていました。

吹奏楽部と支援者にまつわる話は尽きませんが、ここでは「絆コンサートIN河内長野」について紹介します。

「絆コンサートIN河内長野」は、震災の翌年2012年の夏に大阪府河内長野市のラブリーホールで行われました。

コンサートの前半は、河内長野市の高校生による創作太鼓からスタートし、高校生バンドによるフォークソング、社会人によるダンス、オカリナ、そして同市の美加の台中学校約60名による、ブラスバンドの演奏が行われました。

大槌中学校の吹奏楽部は後半に登場し、コンクールで演奏する課題曲と自由曲、定番の「ひょっこりひょうたん島」。さらに、「上を向いて歩こう」「ありがとう」などを演奏しました。

昭和の番組ですが、NHKの人形劇「ひょっこりひょうたん島」のモデルとなった宝来島がある大槌町の吹奏楽部にとって「ひょっこりひょうたん島」は演奏会では欠かせない曲でした。

当日、千三百人を収容できるという会場は満席で、会場に詰めかけた人たちは、被災地からやって来た子どもたちの演奏に目頭を押さえながら拍手を送っていました。

コンサートに向けた練習の合間には、ロータリークラブの辻秀和さんが、自分が世話役を務める長野神社に子どもたちを案内してくれました。

境内には、本来であれば秋祭りにしか登場しない「だんじり」や、その奥には、この日だけのために、お好み焼き、たこ焼き、にぎり寿司、金魚すくいといった縁日に登場する屋台がずらりと並んでいました。神社の氏子や町内会の皆さんが総出で生徒をもてなしてくれたのです。

この事業は、辻さんたちが中心となり河内長野市のロータリークラブが企画したものですが、いつの間にか、主催者は「大槌を支援する河内長野市民の会（石倉保彦会長）」に変わり、吹奏楽部は市を挙げて歓迎されたのです。

コンサートから一年が過ぎた秋、河内長野市の皆さんが、大阪から遠路はるばるバスで大槌町にやってきました。吹奏楽部の定期演奏会の応援に駆けつけてくれたのです。

絆コンサート（ラブリーホール・大阪河内長野市）

演奏会は午後からだったので、午前中は「町の人に本場大阪のたこ焼きを振る舞いたい」と、大阪からたこ焼きの具材や道具を持ち込んで仮設商店街に即席の屋台をつくっていました。

その後も、新校舎（大槌学園）ができると、校舎に続く坂道に街灯を設置してくれる支援者も現れ、河内長野と大槌の交流は長く続いています。

河内長野市でのコンサートの合間

に、私は、同市の防災担当者や教育関係者に講演をお願いされたのですが、その席で「被災地の校長先生は大変でしょう」と質問されたのですが、「いや、この子たちに出会えたのは、宝くじに当たったたような気持ですよ」と答えたのを覚えています。

仮設校舎で生活していた大槌中学校の生徒の笑顔には、人を惹きつける魅力があり、遠くはるばる定期演奏会の応援に駆けつけてくれた河内長野市の皆さんと同じように、私も彼女らの笑顔に惹きつけられた一人だったのです。

## 午後のコンサート

仮設校舎で行った演奏会で心に残っているのはN響（NHK交響楽団）のトロンボーン奏者吉川武典さんと、ギタリストの岩見淳三さんです。

吉川さんは、震災の年から友人の演奏者と一緒に、先ほど紹介した吹奏楽部のクリニック（演奏指導のことです）のために大槌中学校を訪れていました。

彼は、休日になると東京から新花巻駅まで新幹線で移動し、新花巻駅からはレンタカーに乗り換えて仮設校舎に向かっていました。

この縁から、吉川武典さんと、同じN響仲間のトランペット奏者の井川明彦さんによる演奏会「午後のコンサート」が行われました。

この時、日本を代表する演奏者には失礼とは思いながら、生徒と演奏者との距離感を大事にしたかったので、「ステージはつくらず生徒の膝が楽器にふれるような会場にしたい」とお願いしたところ、気持ちよく承諾していただき、午後のコンサートは、生徒が吉川さんと井川さんを弧の字に取り囲み、トロンボーンやトランペットの先端が生徒にふれるような会場で行われました。

伴奏は作曲家でピアニストの髙嶋圭子さんが弾かれ、当日は、吉川さんの奥様でホルン奏者の美雪さんも会場の傍らで演奏会を見守られました。

吉川武典さんは、楽器を流された大槌中学校の吹奏楽部に、ご自分のトロンボーンを寄贈されています。

そのトロンボーンは、彼がベルリンフィルに留学する時に買い求めた記念の楽器で、その大切な楽器を「大槌中学校にあげたい」と聞かされた彼の仲間は「本当にいいのかと」念を押されたそうです。

それでも、彼は寄贈をためらわず、彼が寄贈したトロンボーンは、吹奏楽部の生徒と一緒に、定期演奏会で町民を励まし、県民会館のステージに上がり、絆コンサートの会場となった河内長野市にも旅しています。

この話を聞いたとき、私は、胸を打たれたような気持ちになりました。

吉川さんの「午後のコンサート」は、中学校から演奏をお願いしたものです。

吹奏楽部に演奏指導をする吉川武典さん（手前）

「午後のコンサート」に協力していただいたもう一人（一組）の演奏者は、日本ジャズ界を代表するギタリストの岩見淳三さんと奥さんでジャズボーカリストのＹＡＹＯＩさんです。

岩見淳三さんは、現在の上皇上皇后両陛下のご成婚から50周年を祝う記念行事で、皇居で演奏をされました。皇居で演奏ができるのは、一流のアーティストだけで、最近では天皇即位の時のアイドルグループの嵐が記憶に新しく、現天皇皇后両陛下御即位十年ではＹＯＳＨＩＫＩさんが招待されています。

奥さんのＹＡＹＯＩさんは、二十歳で歌手デビューされたのですが、結婚と育児のために一旦休業し、５人の子育てが一段落してから再デビューした異色のママさんボーカルです。

岩見さんとＹＡＹＯＩさんのデュエット「岩見淳三＆ＹＡＹＯＩ」は、ジャズファンから唯一無二のディユットと称賛されています。
岩見さんもＹＡＹＯＩさんも、その輝かしい業績や名声は口にすることなく、大槌中学校や気仙中学校の生徒にジャズの魅力を教えてくれました。

生徒にとって生のジャズ演奏は初体験になることは承知していたので、曲目は『シング、シング、シング』や『聖者が街にやってくる』等のジャズの定番から始め、即興で校歌をジャズ調にアレンジ

岩見淳三＆ＹＡＹＯＩコンサート（気仙中学校）

したり、愛用のギターを生徒に握らせたりしてくれました。

岩見さんとＹＡＹＯＩさんは、毎年全国ツアーに出掛け、ツアーでは必ず募金活動を行い、被災地やボランティア団体を支援しています。

大槌中学校はもちろんですが、原発事故の被害を受けた福島や熊本地震の被災地も支援し、最近では、貧困の子どもを救済する活動にも協力されています。

全国各地に「岩見淳三＆ＹＡＹＯＩ」のコンサートを楽しみにしているファンがたくさんいるのですが、彼らは、お二人の生き方に共感するボランティアでもあるのです。「岩見淳三＆ＹＡＹＯＩ」の午後のコンサートも中学校から演奏をお願いしました。

余談ですが、被災地での４年間の勤務を終えた私は、一度、二人のコンサートをのぞいてみたことがあります。すると、会場の入り口には募金箱が置かれ、お金がたくさん入っていました。「岩見淳三＆ＹＡＹＯＩ」とファンの皆さんの人柄をあらためて知る機会となりました。

## 軽井沢町と奇跡のピアノ

長野県の東部に避暑地として有名な軽井沢という町があります。高地で夏が過ごしやすいことから、別荘地として全国的に知られている町です。

この軽井沢町が、町を挙げて大槌町の支援に取り組み、被災した大槌中学校の校舎に取り残されていたグランドピアノを預かってくれることになりました。

このピアノは、校舎二階の音楽室にあったもので当時の三年生が翌日の卒業式に向けて式歌を練習していたピアノです。浸水も火の手も回らず奇跡的に残っていたのです。

校舎が解体されることになりピアノの預かり先を探したのですが、大槌中学校も含め被災地の学校はどこも仮設校舎でグランドピアノは置くことができず、内陸の学校にも電話をかけてみたのですが、県内は学校の統廃合が急激に進み「ピアノは余っているので勘弁してほしい」という返事が返ってきていました。

震災から二度目の冬を目前にして、ピアノの調律師には「ピアノのコンディションは限界に近い」と忠告もされていました。

この話を軽井沢町で紹介したところ、軽井沢町が「軽井沢には浅間山があり、自然災害とは無縁ではない。震災を風化させないシンボル、防災教育の象徴として預かりたい」と、ピアノを引き受けてくれることになったのです。

話は順調に進み、ピアノは軽井沢町に送られることになったのですが、このピアノには日本武道館という思いもよらぬ大きな舞台が待っていました。

生徒が卒業式の歌を前日まで練習していたピアノが、被災から奇跡的に免れ、軽井沢町に引き取られるという話が話題になり、日本テレビから「奇跡のピアノ」として「２４時間テレビ」で紹介したいという話がもちあがったのです。

そして、ピアノは大槌中学校から日本武道館に運ばれ、日本武道館のステージに集まった当時の卒業生たちが、このピアノを囲んで卒業式の日に歌う予定だった川嶋あいの『旅立ちの日に…』を熱唱したのです。日本武道館でピアノを弾いたのは、卒業式でピアノを弾く予定だった生徒でした。日本武道館のステージにはピアノがもう一台用意され、人気アイドルグループ嵐の櫻井翔さんも一緒にピアノ伴奏をされました。

日本武道館には担任や保護者も招待され、ステージの傍らで子どもたちの合唱を見守りました。

当日、高校の行事と重なり日本武道館まで行けなかった卒業生たちは、被災した大槌中学校の校舎前に集まり、日本武道館から衛星中継で送られてきた歌声と伴奏に合わせて一緒に歌い、全員の声が一つになった映像が再び衛星中継で全国に放送されました。

私は大槌町側でその様子を見守ったのですが、彼らの合唱に卒業生だけでなく、居合わせた保護者や番組スタッフまで涙を流していました。

思い起こせば、このグランドピアノは、震災前に勤務していたとき「ピアノが欲しい」という当時の生徒の願いからＰＴＡが寄贈してくれたものでした。以来、震災まで20年余り、このピアノは多くの生徒、伴奏者と出合い、彼らの学校生活を奏で、そして、あの津波、火災に遭遇し、被災した校舎で二年間一人ぼっちでいたのです。

数奇な運命をたどった「奇跡のピアノ」は、少し周り道をしましたが、放送終了後、軽井沢町に温かく迎えられ、軽井沢中学校が新築されるまで、同町の「木もれ陽の里」でゆっくり休むことになりました。

「奇跡のピアノ」との出会いがきっかけとなり、軽井沢町の東部、中部、西部の三つの小学校と軽井沢中学校では防災教育に力を入れ、軽井沢中学校の文化祭では大槌中学校の生徒が「語り部」として登壇し、震災から5年目の２０１６年の4月には、大槌学園の九年生が修学旅行の初日に全員で軽井沢中学校を訪問しています。

軽井沢町と大槌町との交流は、今も続いています。

軽井沢町の藤巻進町長さんに初めてお会いした時、「何があっても向こう十年間は、軽井沢は大槌町を支援する」と力強く語ってくれた言葉が忘れられません。

日本武道館に運ばれる奇跡のピアノ

大槌町から日本武道会の合唱に参加する卒業生

## あしながおじさんたち

大槌中学校や気仙中学校で出会った支援者は数えきれませんが、「午後のコンサート」や「いまいる。プロジェクト」のように生徒と直接交流できた支援者はほんのわずかで、ほとんどの支援者は、生徒と対面することはありませんでした。

生徒からみれば、皆、「あしながおじさん」だったのです。

その「あしながおじさん」は、どんな人たちだったのか。少しだけ紹介させていただきます。

たとえば、長野市のボランティアセンターを中心に活動している「鮭Tプロジェクト」の皆さんは、三陸特産のナンブハナマガリサケと岩手の詩人宮澤賢治の「雨にも負けず」の詩をモチーフにした寄付金付きの「鮭Tシャツ」

を販売し、881万円の寄付金を集め、大槌町内の小中学校に届けてくれたのですが、彼らが大槌中学校の生徒と直接会う機会はありませんでした。

余談ですが、ナンブハナマガリサケを一匹丸々塩水に漬け、寒風にさらしてつくる「新巻鮭」は、大槌が発祥の地とされています。

大槌の廻船問屋、前川善兵衛（吉里吉里善兵衛）は、この新巻鮭で莫大な財産を築き、江戸時代の一時期、前川家は、酒田の海鮮問屋「本間様」と肩を並べるほど栄えたと言われています。

さて、同じように「気仙すぎのこ基金」の人たちも、気仙中学校や気仙小学校に800万円近いお金を寄付されたのですが、彼らも生徒に直接会う事はありませんでした。「気仙すぎのこ基金」の名前は、気仙地方特産の「気仙杉」が由来です。「気仙杉」が真っ直ぐに成長する様子に、子どもたちの成長を重ね、基金に名付けたと言います。

代表の真野陽子さんは、気仙中学校の卒業生で横浜市の自動車会社に勤務されながら「母校の気仙小学校と気仙中学校と、同じ気仙町の長部小学校の子どもたちが、一日でも早く普通の学校生活が送れるように……」と、各校の同窓生に呼びかけて基金を立ち上げました。

彼らの寄付金集めは、個人や企業からの協賛金や、イベントや祭りでのグッズの売上金や募金、さらには、協賛者からいただいたギフト券、図書券、プリペードカードなどの金券や書き損じハガキにまで及んでいました。

気仙中学校では、この基金から生徒全員の半袖運動着や辞書の購入費、卒業アルバム代などを支払っていただきました。生徒数が少ない気仙中学校では卒業アルバムの単価は割高になり一冊当たり15、000円を超えるので、卒業アルバム代の肩代わりは、保護者にとっても、とてもありがたい支援になりました。

津波で真野さんの実家は流され、彼女は肉親も亡くされています。その真野さんが、失意に負けず立ち上げたのが「気仙すぎのこ基金」でした。

彼女は支援者であり被災者でもあったのです。弟さん一家を大槌町で亡くされた「いまいる。プロジェクト」の織田さんを思い出します。

この他にも「あしながおじさん」として、大槌中学校や気仙中学校を支えてくれた支援団体は「3・11軽井沢つむぎ隊」「スローチャリティー」「RKH」、さらに、全国各地のロータリークラブやライオンズクラブなどたくさんありました。

個人の「あしながおじさん」で記憶に残るのは気仙中学校に図書券を届けてくれた気仙町出身のご夫婦でした。県外で暮らし、旦那さんはすでに退職されていました。実家は津波で流されたので気仙町に帰ってきても泊まる場所はもうありません。

それでも、このご夫婦は、後輩に図書券を贈るために、毎年、借校舎を訪れるのです。

感謝の気持ちと同時に、生徒たちにもこんな卒業生になってほしいと思いました。図書券はありがたく頂戴しました。

支援は海外からも寄せられ、アメリカカリフォルニア州でワイナリーを経営しているグレース夫妻は、大槌中学校に４３０万円を寄付されました。

大槌中学校は、この寄付金で集会スペースに畳を敷きつめて柔道場をつくり、残ったお金でモバイル型のノートパソコン40台を購入しました。パソコンを整備したのは「寄付金は子どもたちの将来のために、できればＩＴ関係の教育に役立ててほしい」というご夫妻の希望にそったからでした。

グレース夫妻は、ワインで得た益金を世界中の子どもたちのために寄付されていて、中国の四川省大地震の被災地やニュージーランドの地震の被災地にも足を運んでいます。

義援金はカナダのビクトリア市からも寄せられました。

『武士道』の著者で世界的に知られている新渡戸稲造が岩手県盛岡市の出身で、彼が旅の途中ビクトリア市で亡くなったことから、盛岡市とビクトリア市は姉妹都市になり、その縁から、ビクトリア市は、岩手県沿岸の被災地を支援していたのです。

ビクトリア市からいただいた義援金には、8歳の少女が病床から「日本を救うために2ドルコインを寄付しよう」と呼びかけて集めたお金も含まれていました。

## 企業の社会貢献活動

東日本大震災では多くの企業（会社）が、社会貢献活動の一環として被災地を支援していました。

たとえば、重機リースの東北コマツは、集会スペースがほしかった大槌中学校に、二階建ての集会施設（スマイル体育館）を建設してくれました。

また、札幌に本社を置くホクエイは、気仙中学校を訪問された時に「生徒の遠征費が保護者の負担になっている」と、保護者の窮状を紹介させていただいたところ、その年の会社の売上金の一部から６０７万円を寄付してくれました。

カメラメーカーのニコン（ＮＩＫＯＮ）は「写真の力で復興支援」をスローガンに、被災した中学校に、生徒一人一人が撮影できるようにデジタルカメラを贈り、そのカメラで生徒たちが自由に撮影した写真にキャッチコピーを考えさせる活動に取り組んでいました。

でき上がった作品はフォトブック（写真集）にまとめられ、フォトブックは、参加した生徒全員に一冊ずつ贈られました。フルカラーで40ページという本格的な写真集で、震災の翌年には、岩手県、宮城県、福島県の中学校46校、約3、200人の中学生が「被災地の今」を記録し、フォトブックの制作を行いました。

生徒が、日々変わりゆく被災地の様子を自分で撮影することは貴重な体験になり、完成したフォトブックは被災地の記録にもなると考え、大中槌学校でも、気仙中学校でもこのプロジェクトに参加させていただきました。

この他にも、関東でスーパーを展開するカスミは、全社員が陸前高田市の復興を応援し、気仙町の「けんか七夕祭」の日には、社員が揃いの法被で、町民と一緒に山車を引く大綱を握り、同社が、震災から十年間制作し続けた復興支援カレンダー「明日暦」によるチャリティー募金は全額、陸前高田市立小中学校復興基金に寄付されています。

先に、「何があっても向こう十年間は、軽井沢は大槌町を支援する」と町長さんが宣言した軽井沢町のホテルの支配人は「全従業員に一度は被災地を見せたい」と熱く語り、毎年、従業員と一緒に大槌町を訪問される。

気仙中学校の借校舎のとなりには、廃校した旧矢作小学校があり、震災後はお風呂まで備えた簡易宿泊施設に改装されていましたが、その施設を利用して、新入社員の研修を被災地で行いはじめた大手企業もありました。

## みちのく未来基金

企業の社会貢献活動の最後に「みちのく未来基金」を紹介します。

この基金は、震災遺児・孤児が大学や短大、専門学校に進学したときの入学金と授業料を、年間300万円を上限に、彼らが全員社会人になるまで、25年間、四半世紀に渡り支援をするという給付型の奨学金です。給付型というのは、返済義務のない奨学金です。

当時、震災で親を亡くした子どもたちは、岩手県内だけでも583人（孤児94人、遺児489人）に及び、東北全体では1、698人と報道されていましたが、そのほとんどの子どもたちが、この基金の奨学生、予約生となり、すでに大学を卒業して社会に巣立った生徒もたくさんいます。

この「みちのく未来基金」は、「震災孤児に進学の夢を」を合い言葉にカゴメ、カルビー、ロート製薬の三社が協同で設立し、後に、エバラ食品もこの活動に参加しています。

当時刊行された『みちのく未来基金設立の記録』には「神戸でやり残したことがある。こどもたちの支援ができなかった。こどもたちのために何かしないと本当の街の復興にはならない」というロート製薬会長の山田邦雄さんの発した一言に、松本晃さん（カルビー会長）、吉岡浩二さん（カゴメ会長）が二つ返事で賛同し基金がスタートしたと紹介されています。「神戸」というのは阪神・淡路大震災のことです。

「経営哲学や社会に対する責任の認識等が共通する企業トップがいたからこそ四半世紀に及ぶ支援事業が動いた」と、基金設立に奔走した長沼孝義さん（カルビー副社長、みちのく未来基金代表理事）は振り返られています。（役職名は、いずれも当時のもの。）

## 4　校長室からのエール

辛い体験をしながら、笑顔を絶やさない生徒たち。なんの見返りも求めず生徒たちのための支援を惜しまない支援者たち。そんな光景を毎日見ていると私も何かしなければと思いました。

### 四季折々の行事を楽しむ

最初に思いついたのは、すでに紹介したように「この笑顔を絶やしていけない」ということでした。「学校が子どもたちの居場所なら、学校は楽しくなければ

七夕飾り（仮設校舎の生活を紹介したビデオから）

ならない」と思ったのです。

何のことはないのですが、七夕やクリスマスを飾ったり、節分に豆をまいたりと、四季折々の行事に少し力を入れみました。

七夕では短冊に、生徒一人一人が「高校に合格できますように……」「早く元の町に戻りますように……」と願いを込め、その生徒の夢や復興への願いが結ばれた七夕が、仮設校舎を背景に風になびく様子は今でも心に残ります。

節分の豆まきは、後で食べられるように殻付きのピーナッツを用意し、大槌中学校では各学級に3袋、合計27袋、気仙中学校では業務用の12キロ入りのピーナッツを用意して盛大に行いました。担任や学年長も、鬼に扮して生徒を楽しませてくれました。七夕の飾りや節分に投げたピーナッツは、皆、支援者が寄付してくれたものです。

仮設校舎の入口には大きなフェンスがありましたが、このフェンスを利用して、クリスマスにはイルミネーションが飾られ、端午の節句にはこいのぼりが舞いました。これも支援者の皆さんの協力によるものです。当時、「仮設校舎で暮らしている生徒のために……」とお願いすると、皆、すぐに快く協力してくれました。

## 大槌中学校の心のケア「集団のケア」

被災地では生徒の心のケアが大きな課題でしたが、目の前で家が流され、肉親を失った生徒に、どう声をかけてよいのか戸惑いました。「今はまだ、そっとしていてほしい」「心の中は、のぞかないでほしい」という声も聞こえる気がしました。

これまで、被災地の子どもたちは、皆、笑顔だったと語ってきましたが、一人になった時の彼らの心の奥底まで知ることはできません。学校で見せてくれる笑顔とは裏腹に、心の中は、葛藤の毎日で、それは、大人になった今も続いているかもしれないのです。

生徒には大変申しわけなかったのですが、被災地に赴任しながら、私には、被災した生徒たちの「心」という「命」にふれ合う勇気はありませんでした。カウンセラーのような心のケアは難しかったというのが本音です。担任の先生や保健室の先生にとっても生徒の心のケアは難しい課題でした。

幸い、被災校には、カウンセリングが専門の人たちが何人か派遣されていたのですが、生徒と一対一で行うカウンセリングは時間がかかり、彼らとじっくり相談できる生徒は数人、多くても十数人が限界でした。

つまり、生徒のほとんどが被災しているような学校では、全校生徒の心のケアは、他に方法を考える必要があったのです。

そこで、大槌中学校では、特にカウンセリングの必要な生徒は、スクールカウンセラーや専門家にお願いし、学校としては、何はともあれ「生徒の笑顔を絶やさないこと」「生徒一人一人が安心して、楽しく生活できる学校にすること」を優先し、運動会や文化祭はもちろんですが、四季折々の行事や体験活動を大事にすることにしたのです。

各学年の先生方も、たとえば、一年生は、研修施設を借りて野外炊飯やレクリエーションを行い、二年生は、宿泊研修で「葡萄刈り」を体験し、三年生は、学期末にソフトボール大会を企画するというように行事や体験活動を大事にしてくれました。

これらは、生徒一人一人の心のケアでなく、生徒全員を対象にした心のケアなので「集団のケア」と呼んでいます。

担任の先生にとっても、深く傷ついた生徒の心と直接向き合うより、生徒に寄り添いながら、彼らが安心して楽しく過ごせる集団をつくることの方が取り組み易かったようです。

学校で重大事件が発生すると、カウンセラーの派遣が注目されますが、私は、全校生徒の心のケア「集団のケア」も大事だと考えています。「集団のケア」の考え方は、全国に広がってほしいと思っています。

## 焼き肉カーニバル

大槌中学校で生徒と一緒に楽しんだ行事で、特に、記憶に残るのは全校で行った「焼肉カーニバル」です。

焼肉を思いついたのは「仮設住宅で暮らしている生徒に腹一杯お肉を食べさせたい」という単純な理由からでした。

ただ、担任や職員に負担をかけたり、授業を削ったりする訳にはいかないので、ここでも支援者に協力をお願いしました。

すると、お肉は岡山の経済団体、タレはエバラ、ジュースはカゴメというようにすぐに支援者が集まり、焼き肉代を生徒が負担することはありませんでした。

バーベキュー用のドラム缶や炭は、遠野市を拠点に復興支援に取り組んでいた「遠野まごころネット」にお願いしました。担当者が以前勤務したときの保護者だったこともあり、喜んで引き受けてくれました。
当日の調理や焼肉は、岡山県の大学生を中心としたボランティアが担当してくれました。

こうして校庭中に煙が漂い、生徒と職員、ボランティアも含めると約350人余りが校庭で焼肉を楽しんだのですが、準備だけではなく、後片付けも全てボランティアにお願いしていたので、焼き肉が終わると、普段通り5時間目が始まり、先生方も午後の仕事に取りかかることができました。

当日、生徒と担任は、4時間目の授業が終了したら、箸と皿を持って校庭に集まるだけでよかったのです。「焼肉カーニバル」は、次の年も行ったのですが、さらに支援の輪が広がり、今度は、ジンギスカン発祥の北海道滝川市から「松尾ジンギスカン」が届き、この年から交流が本格的に始まった軽井沢町からは、支援者からデザート用にとフルーツトマトが届きました。

経費は、盛岡市と姉妹都市の関係にあったカナダ、ビクトリア市の市民団体に協力をいただきました。

生徒、職員、ボランティア約350人で楽しんだ焼き肉カーニバル

## 旭山運動会

被災地の保護者は、家を流され仕事まで失った状況で、育ち盛りの子どもを養っていました。子どもが高校、大学へと進学すれば学費の工面も大変になります。当時の大槌中学校は、生徒の心のケアと同時に、保護者の心のケアも必要な学校だったのです。

そこで、5月に行われた運動会で、ビデオカメラやデジタルカメラを手にした保護者を、観客席からトラックの中まで案内し、我が子を自由に撮影させてみました。

種目は大綱引き。砂埃が舞い、生徒の息遣いが聞こえる特等席での撮影許可です。保護者の姿が、北海道旭川市の旭山動物園で動物を間近で撮影する観光客に似ていたので「旭山運動会」と名づけました。生徒は、観光客の目の前を横切るペンギンや、水槽で遊ぶアザラシといったところです。

今は、ほとんどの保護者がカメラやスマホを手にして行事に参加しますが、保護者席からトラックの中の我が子までは遠すぎて、普通のカメラでは、迫力のある映像は撮れません。

私もカメラが好きなので、一歩でも近づいてシャッターを切りたいという保護者の気持ちはよくわかります。そこで、旭山動物園からヒントを貰い、トラックの中に保護者を招待してみたのです。

「本当に中（トラック）に入っていいのですか……」と、最初は二、三人だけの保護者が遠慮がちに観客席から出てきたのですが、競技が始まると数十人の保護者が、文字通り「砂かぶり」の特等席から我が子を撮影していました。中には、撮影を止めて、我が子を夢中で応援する保護者も現れて「旭山運動会」は無事終わりました。

細かい数字ですが、東日本大震災で廃業や休止に追い込まれた事業所は、宮城県南三陸町が69・0%、岩手県山田町が60・0%、同陸前高田市が46・6%。津波被害が大きかった自治体は、どこも企業活動の再開が遅れていましたが、大槌町は72・5%と、特にきわだっていました。

この数字は、経済産業省と総務省が、震災前の2009年と比較して作成したもので、大槌中学校の保護者が置かれている深刻な状況は、数字にも現れていました。

「旭山運動会」の目的は、撮影許可ではなく保護者の心のケア、再起を誓い子育てに奮闘する保護者へのエールでした。

保護者のケア「旭山運動会」（上・下）

## 思い出プリント作戦

カウンセリングは苦手でしたが、それ以外にできる心のケアなら、他にも色々ありました。

生徒の活動をカメラで記録し、写真やビデオとして残してあげることもその一つです。

家を流された生徒たちは、大切な写真やアルバムも流されました。被災した大槌中学校の体育館では、ボランティアが瓦礫の中ら見つかった写真を持ち主に返してあげるために修復活動をしていましたが、一度失った写真は、ほとんど戻らないのが現実です。

大切な写真を失った生徒たちに、新たな記録を残してあげることは、とても大切なことだと思いました。

生徒の学校生活を最初に記録したのは修学旅行でした。そして、旅行中に撮りためた写真は、専用の光沢紙に綺麗に印刷して生徒にプレゼントしました。いつまでも残るようにという思いからです。これが「思い出プリント作戦」の始まりです。

写真の印刷は、最初は、個人のプリンターで行いましたが、生徒一人に一枚印刷しても２６７枚にもなります。そこで、思い切って支援者に相談してみたところ、高価なインクや光沢紙が次々と届きました。

京都の記者クラブの皆さんからは望遠レンズ付きの高価な一眼レフカメラまで寄贈していただき、横浜市立茅ヶ崎中学校の生徒とＰＴＡの皆さんからは、光沢紙とインクに加えて、新品のカラープリンターを三台も提供していただきました。おかげで、学年や生徒会でも、いつでも写真の印刷ができるようになりました。

このプリンターを利用して、「三年生を送る会」では、一、二年生が、撮りためた画像ファイルの中から先輩一人一人に記念になる写真を選び、綺麗に印刷し、額に入れてプレゼントしていました。

こうして大槌中学校を転勤するまでに生徒にプレゼントできた写真は、運動会や部活動、職場体験や秋祭りなど「8、000枚」にもなり、印刷できなかった写真は、DVDに詰め込んで卒業生に贈りました。

DVD、DVDケース、ラッピングセット、そして、BGMの著作権処理と、これらの経費も、すべて支援者の協力によるものです。

一年間に撮りためた写真は、卒業生だけでなく、一、二年生にも記念に贈ることができました。

震災の悲惨な記憶は消えないけれど、楽しい思い出を積み重ねていけば、負の記憶はやわらいでいくはずです。新しい思い出と写真にも心をケアする力があると思っています。

大槌中学校では、学校通信もカラー印刷で配布していました。学校生活を楽しんでいる子どもたちの笑顔を見ることが保護者の励みにつながると思ったからです。

学校通信「ＲＥＳＴＡＲＴ（復興）大槌」は、Ａ４サイズ、両面刷りで、裏面はすべて生徒の写真です。

毎月、約３００部、両面カラー刷りの学校通信は経費がかさみ、普通なら無理なのですが、この活動も、全国の支援者に支えていただきました。

学校通信のカラー刷りは、気仙中学校でも続けました。

## 感謝の写真展

仮設校舎で生活する生徒の日常を撮影し始めたら、いつの間にか生徒たちの笑顔が山のように記録されていました。

この笑顔を、被災地に足を運ぶことができない支援者たちが見ることができたなら、きっと彼らの活動の励みになるのではないか。そう考えて、気に入った写真を大きく印刷し、支援者団体が主催するイベント会場に展示させていただくことにしました。

会場には「皆さんからの支援で被災地の生徒は頑張っています」というメッセージも添えました。これが「感謝の写真展（支援に感謝する写真展）」の始まりです。

最初に写真を展示していただいたのは大阪府河内長野市のラブリーホールで「大槌を支援する河内長野市民の会」が吹奏楽部を招待してくれたあの会場です。写真は、ラブリーホールの大きな待合室に展示されました。

当時、東日本大震災の支援者の多くは、自分たちの支援が役立っている場面を直接見る機会がほとんどありませんでした。

河内長野の皆さんも同様で、写真とはいえ、それまで支援してきた大槌中学校の生徒の様子を見るのは初めてで、生徒が笑顔で学校生活を送っていることが分かりほっとした様子でした。

震災から一、二年間は、どんなに支援しても被災地に大きな変化が見られず、支援者の中には、自分たちの活動に「砂漠に水をまくような無力感を感じた」と言う人もいたほどです。そんな時期の写真展だったので、河内長野の皆さんが支援活動を継続する動機にもなったようです。

ボランティアは、見返りを求めない「無償の愛」と言われていますが、ボランティアを気持ちよく続けていただくためには、たとえ「無償の愛」と言われても、その活動に対する何らかのリアクションは必要だと感じました。

「感謝の写真展」はとてもスマートな方法に見えました。

支援に感謝する写真展（河内長野）

## 仮設店舗での職場体験活動

被災校に限らず人とのふれあいをうながす体験活動は大切です。そんな思いから取り組んだのが仮設店舗での「職場体験活動」、大槌版「ようこそ先輩」「語り部プロジェクト」の三つです。

今日、全国の中学校で職場（社会）体験学習が行われています。実施時期は学校や地域によって様々ですが、職場体験学習のシーズンになるとコンビニや飲食店、介護施設などで中学生の姿を見かけます。

被災地では職場が津波で流されてしまったことから、地元での「職場体験学習」が難しくなり、やむを得ず町外や県外まで出かけて実施していました。大槌中学校も、最初は、内陸での職場体験学習を検討したのですが、「被災地の生徒が今、大切にすべきことは何だろう」と考えると、「仮設店舗での職場体験」以外は考えられませんでした。

さっそく、職場体験をお願いするために、以前勤めていた時の記憶を頼りに仮設商店街に足を運ぶと、町の中心部にあった鮮魚店は、山あいの仮設団地で営業を再開し、老舗の和菓子屋は、仮設商店街で名物の「さけ（鮭）最中」を作り始めていました。

他にも、町民の足代わりとなったタクシー会社では経営者として教え子が奮闘し、また「町民の台所と職員を雇用しなければならない」と、一早く再開したショッピングセンターには、スーパーの他、本屋さんや病院、ラジオ局までありました。

そして一軒ずつ「どんな思いでお店を再開されたのか」、「これからの夢や希望を生徒に語りかけてほしい」とお願いしたところ、どのお店も我が子のように生徒を引き受けてくれました。

こうして大槌中学校の生徒は、彼らの背中をみながら職場体験学習に取り組むことができたのです。しかも、生徒にとってこの職場体験学習はとても「居心地のよい」時間でもあったようです。

職場体験が終了してから、大槌町の支援者にはお馴染みの「おらが復興食堂」で水洗いや、まかない、ごみの後始末を体験した生徒に「もう一度、研修をさせてください」とお願いされたのが印象に残っています。

「おらが復興食堂」の窓から見えるのは瓦礫の町で、遠くには津波で壊れた防波堤が残っていました。

被災地は刻々と変化していくので、仮設店舗で再起をかける人たちや、町の復興に取り組む人たちとのふれあいは、二度とできない貴重な体験だったと思います。

彼らが、いつか人生で躓《つまず》くようなことがあったなら、仮設店舗で再起をかけていた人たちの背中を思い出してほしいと思いました。

仮設店舗での職場体験（ひびき鮮魚店）

仮設店舗での職場体験（おらが復興食堂）

## 大槌版「ようこそ先輩」

「ようこそ先輩」というのは、国内外で活躍している人が、母校の教壇で後輩に授業をするという有名なテレビ番組です。

当時、町内には復興に取り組んでいる卒業生がたくさんいたので、彼らを学校に招待して「故郷への思いを、後輩に語ってほしい」と、この番組の真似をしてみました。

最初に声をかけたのは大久保正人さんです。彼は、シンセサイザー・ミュージックの先駆者として一世を風靡したバンド「姫神センセーション」のメンバーでした。

大久保さんは、津波で、ギターはもちろんのこと、愛用の笛や楽器を全て流されてしまいました。

それでも、大久保さんは、知人の家に身を寄せながらＮＨＫの英会話漫画「リトル・チャロ」の音楽を担当したり、ロンドンで、世界的な弦楽団ＬＭＯ（ロンドン・メトロポリタン・オーケストラ）と共演したりしながら音楽活動を再開して行きます。

青春時代をプロのミュージシャンとして一世を風靡し、震災を体験しながら被災地と全国、世界を結ぶ芸術の架け橋となっている大久保さんを見て、大槌版「ようこそ先輩」のゲストティーチャーとして彼が真っ先に思い浮かびました。

「ようこそ先輩」のもう一人のゲストティーチャーは、震災後、町内でボランティア活動を続けていた元持幸子さんです。元持さんは、以前勤めていた時の生徒でした。

彼女は、大学を卒業すると、イギリスの障害者施設でボランティア活動を行い、その後も、内閣府のミャンマー派遣事業に参加したり、ジャイカ（ＪＩＣＡ）の青年海外協力隊としてコスタリカで活動されたりと、海外で活躍していました。

帰国後は、海外でのボランティア活動の経験を生かしながら、福祉系の専門学校で学生の指導を行っていたのですが、東日本大震災を機に地元に戻り、それまでの国内外での豊富な経験と人脈を生かしながらボランティア活動に奔走していたのです。

彼女には、「あなたの後輩に、ボランティア活動だけではなく、あなたの生き方も語ってほしい」とお願いしました。

仮設店舗で再起をかける人たちの背中を見ることと同じように、震災に立ち向かう先輩の肉声を聞き、彼らの思いや生き方に耳を傾けることも貴重な体験です。

こんな思いで町内や被災地を見渡すと、ゲストティーチャーの候補者は、たくさん見つかりました。「遠野まごころネット」の代表や、「おらが復興食堂」のスタッフも、皆、大槌中学校の卒業生です。

他にも、地元の警察署に派遣され、被災地のパトロールを続ける教え子や、若手の県議会議員として活躍する教え子や、町議会議員として復興に尽力している教え子もいました。

仮設校舎で生活している生徒たちも、いつか彼らのように活躍し、後輩に語りかけてくれることを願いました。

国内外でボランティア活動を続ける元持幸子さん

音楽活動を通し復興を支える大久保正人さん

## 語り部プロジェクト

被災地では生徒はもちろん、職員も、保護者も取材の対象になりました。取材制限はしているのですが、取材と報道は日常的でした。しかし、そのほとんどは、取材される側の立場でした。

仮設校舎で頑張っている生徒のニュースは、町民の励みになるので嬉しいのですが、取材を受けるだけでは、生徒は成長しないと思いました。

大事なのは、取材されることではなく、自ら情報を発信することです。

そのことを意識させるために、私は生徒が自ら情報を発信する活動を「情報発信クラブ」と呼んで、生徒を鼓舞していました。その一つが「語り部プロジェクト」です。

大槌中学校の語り部が最初にデビューしたのは、朝日新聞社の読者ホールでした。

全国から集まった危機管理や防災・減災に携わる先生方を前に、生徒会の二人の生徒が、パワーポイントを利用しながら、震災後の学校生活の様子と、全国から寄せられた支援物資を紹介し「皆さんの支援を受けて、私たちは毎日、元気に生活しています」と、感謝の気持ちを伝えたのです。

次の語り部は、大阪箕面市からやってきた同じ中学生たちに対してで、読者ホールの語り部から二週間後のことでした。

この時の語り部も、読者ホールで語り部を務めた二人で、二度目とあって、二人の発表は堂々としていました。その発表の様子を、生徒会のリーダーたちが取り囲むように見ていました。

偶然でしたが、これが生徒会リーダーの「語り部講習会」になり、それ以後は、遠野市立綾織中学校の生徒会との交流会や、秋田県大仙市立太田中学校が企画した写真展の会場で、さらには、盛岡市立土淵中学校の復興教育学習会などで、リーダーたちが代わるがわる語り部を担当していきました。

夏休みになると大槌中学校の語り部たちは、大阪や北海道など県外にまで出かけて行くようになり、彼らは強力な情報発信力を身に着けていきました。

生徒全員が経験できる活動ではありませんでしたが、「語り部プロジェクト」に参加し、県内外の生徒たちと交流できた生徒たちが、これからどんな人生を歩んでいくのかと思うと、とても楽しみになりました。

ところで、「震災の語り部」と聞くと、震災直後の悲惨な様子や辛い体験を伝える語り部を想像すると思うのですが、大槌中学校の語り部は、仮設校舎での生活を紹介しながら、支援への感謝の気持ちを伝えることが目的だったので、会場でスクリーンに映し出される映像は、生徒の笑顔と全国から贈られた支援物資でした。

この「明るい」語り部さんたちに、会場に詰めかけた人たちは、意表を突かれたように胸を撫で下していました。

生徒自らが震災を語ることは大事なことですが、生徒が震災当日の様子を紹介するのは精神的な負担が大きいと考えて、語り部の内容を、学校生活の紹介と支援者への感謝にしぼったことで、大槌中学校の語り部は、「明るい」語り部になったのです。

会場には、スクリーンに映し出した写真を大きく印刷し飾りました。こちらは「感謝の写真展」です。

「大槌中学校語り部プロジェクト」
朝日新聞読者ホール（上)、盛岡市立土淵中学校（下） 岩手日報　2013 年

# 第四章

# ミスマッチのはなし

ここまでは、生徒の笑顔の話やその笑顔を支えてくれた支援物資や支援者の話が中心でしたが、被災地では支援物資のミスマッチや支援者とのミスマッチなど課題もたくさんありました。

## 1　交流のミスマッチ

東日本大震災の被災地には、テレビやネットでしか見ることのできないようなアイドルや歌手がたくさん訪問しています。

芸能人や著名人のボランティア活動について、震災を経験された先生は「学校が再開された直後は津波のことが頭から離れず、授業は50分どころか、10分進めるのも大変だった」と振り返り、「震災直後の芸能人や著名人のボランティア活動には、生徒だけではなく職員も救われた」と語っていました。

生徒を授業に集中させるのが先生なのですが、震災直後の授業の再開は先生にとっても大変で、この時期の芸能人や著名人のボランティア活動には、生徒だけでなく、先生方も助けられたようです。

しかし、皆さんから見れば羨ましく見えるかも知れませんが、地方の一中学校に人気歌手やアイドルグループが入れ替わり立ち替わり訪問する様子を想像してみてください。学校は毎日がお祭り騒ぎのようになり、日常と非日常が逆転してしまいます。

東日本大震災の16年前に起きた阪神・淡路大震災では、全国から芸能人や著名人が学校に訪れ、荒れてしまった学校もあったと言います。

震災から一年後、校長として赴任した私の役割は、どんなに有名で人気がある芸能人でも著名人でも、交流を断ることだったのです。

これは楽しくない仕事で、皆、善意からのボランティアなので、被災した学校が置かれている状況を、時間をかけて丁寧に説明し、訪問を断らなければなりませんでした。

それでも、中には、授業時間中の交流を強く迫る芸能人がいたり、義援金を贈ったことを理由に、交流を強要されたりするケースもあり、学校の正常化のために、時には心を鬼にして交流を断ることもありました。

本来なら、芸術鑑賞や講演会は、生徒の心身の成長のためには欠かすことのできない大切な授業です。それに、芸術鑑賞や講演会を全く無くしたのでは、学校生活から楽しみや潤いも消えてしまいます。

被災校に赴任しても、国内外で活躍する人たちの演奏や講演を聞かせたいという思いは変わっていなかったのですが、被災校の校長として、とても難しかったのは、多くの支援者の中から誰を受け入れるかを決める判断基準でした。

その「判断基準」は、今でもはっきりとは答えられないのですが、受け入れるかどうかを判断した一つの基準は「今、生徒にとって必要な活動か」ということでした。少し難しい言葉で表現すると必然性があるかどうかということでした。「今の生徒には、この人の話が必要」と判断した時や、生徒と深い絆や縁でつながっている人たちは、むしろ、学校から頭を下げて講演や演奏会をお願いしていました。

授業時間を削るという意味では、学校どうしの交流も同じことなので、被災校と交流をしたいという学校はたくさんあったのですが、ほとんど断っていました。正確に言うと、学校が落ち着きを取り戻すためには、断らざるを得なかったのです。

それに、学校間交流は準備にも時間を要するので、交流できる学校の数に限りがありました。
大槌中学校も気仙中学校も全国の学校から支援を受けたのですが、生徒同士が直接交流できた学校はほんのわずかで、交流できた学校とは、皆、何らかの縁や絆で結ばれていました。

先生が黒板に板書して、生徒がノートを取る。板書とノートは授業の基本で、これが普通の学校です。最近は、グループでの活動や話し合いや調べ学習も多くなり、タブレットも登場しましたが、部活動や行事に比べれば、授業は決して楽しいものではありません。

それでも、生徒は、将来に夢を抱き、夢に近づくために勉強しているのです。これが普通の生活、日常で、被災校は、この普通の生活、日常を取り戻すために支援者との交流を制限し、様々な努力や葛藤をしていたのです。

災害は全国各地で起きています。災害直後の芸能人や著名人のボランティア活動は、本当にありがたく、先生も生徒も助けられ励まされていたのですが、支援する側の立場になったなら、被災校が普通の生活、日常を取り戻すために努力や葛藤をしていることを常に頭の中に入れて置いていただくとありがたいです。

幸い、東日本大震災では、芸能人や著名人との交流は、被災校の多くが適切に対応し、すべての学校が日常を取り戻していきました。

震災直後の学校再開も驚異的なスピードで行われ、どの学校も、4月半ばには入学式、始業式を終えていました。

交流側の生徒を花道で送る大槌中学校の生徒

## 2　支援物資のミスマッチ

震災直後から、被災地に支援物資としてノートや鉛筆といった文房具が大量に送られました。

ところが、その文房具は、場所によっては震災から一年経っても山積にされていたのです。数が揃わなかったことや、同じ物が多かったことなどが理由ですが、支援者には思いもよらないことだったと思います。

支援物資の仕分け作業

これらの文房具は、個人から寄せられたものありましたが、数がまとまって届く支援物資の多くは、学校や学年、学級の取り組みとして組織的に被災地に送られてきたものでした。

大規模災害では、全国から被災地に支援物資が寄せられます。この時、被災地では「文房具が足りない」「衣類が足りない」と直観的に行動すると、文房具が山積みされるようなミスマッチが起きてしまうのです。

山積みされたのは文房具だけではなく、衣類や食料品も、同じように倉庫にたまっていきました。

支援物資のミスマッチは、阪神・淡路大震災の時も指摘され、「支援物資の処分費用に2、300万円をかけた市があった」と言われています。さらに、北海道南西沖地震では「5、000トンを超える救援物資が送られ、そのうち1、200トンの衣類などが焼却されたり、埋め立てられたりした」

と報道されています。北海道南西沖地震は、１９９３年に日本海で発生した地震で、震源に近かった奥尻島は、震度6の烈震と30メートルの津波（遡上高）に襲われ、小さな島は、死者２０２人、行方不明者28人という大惨事に見舞われました。

東日本大震災でも、県が支援物資の中から賞味期限の切れた食品やカビの生えた衣類を処分するという記事が新聞に掲載され、その費用が膨大なことに私は驚きました。

ここで大事なのは、支援物資が大量に処分されたのは担当者の責任ではないということです。

実際、支援物資を受け入れた県の施設では、最盛期には24時間、二交代制で常時60人もの人たちが必死で支援物資の受け入れと仕分け作業をしていたのです。

つまり、このミスマッチは、担当者の責任で起きたのではなく、支援者と被災者との間に起きている「構造的なミスマッチ」なのです。「構造的なミスマッチ」というのは、様々な要素が絡み合って簡単には解決できない問題という意味です。

被災者も支援者も限られる小さな災害は別として、大規模災害の時は、想像を超える大量の物資が移動するので、直観や思いつきで行動すると「構造的なミスマッチ」が必ず起きます。

この「構造的なミスマッチ」に真剣に向き合わないと、支援物資のミスマッチは、これからもいろいろな被災地で繰り返されることになります。

話は変わりますが被災地に、いつまでも支援物資を送り続けると、被災地の生業《なりわい》の再生を妨げてしまいます。簡単に言うと、被災地の商店の再開を妨げるのです。

たとえば、支援者からいただいた文房具を児童生徒に配布し続ければ、地元の文房具店が営業できなくなり、自転車やヘルメットも同じで、支援が続く限り、地元の自転車屋さんの営業は厳しくなります。

被災地では、生業の再生も重要な課題で、地元の商店街や工場が再開しなければ、そこで働いていた保護者は失業したままになります。

もし、文房具や自転車などを寄付するのであれば、地元の業者から購入して被災者（校）に届けてもらうのが一つの解決策になります。この方法だと、地元の業者も被災者も両方応援ができ、一石二鳥の支援になります。

本の寄付にもミスマッチがありました。図書館が被災した市町村や、蔵書スペースにゆとりのない仮設校舎に、大量の本が届くと、図書の担当者は、本の置き場に頭を抱えることになります。

震災後に被災地に全国から寄せられた本の数は、恐らく数万冊に上り、行き場を失った古本は、山間部の廃校や空き室に野積みにされていきました。

本の寄贈も慎重に行う必要があるのです。特に、大量の本を寄贈するのであれば、被災校との事前連絡は必要不可欠です。

それから、これは被災校に限ったことではないのですが、今日の学校は古本を敬遠します。それは、学校図書館はスペースが限られているので、蔵書数より、今、生徒に読ませたい本を置くことを優先しているからです。古本の寄贈は、より慎重に行う必要があります。

被災校としてありがたかったのは、本よりも図書券でした。大槌中学校では、ある程度図書券がたまると、全校生徒に「好きな本を自分で買いなさい」と言って、図書券を平等に配りました。この方法だと、生徒は好きな本が買えて、地元の本屋さんの応援にもなりました。

## 3　ランドセルのミスマッチ

支援物資のミスマッチを象徴する出来事にランドセルがありました。

東日本大震災では、全国の小学校や個人からランドセルも続々と届き、そのランドセルの仕分けを担当したことがあるのですが、ランドセルの中には新品のノートや鉛筆が詰め込まれ、ランドセルを贈ってくれた児童の手紙も添えられていました。彼らが6年間背負った大切なランドセルだということは、直ぐに分かりました。

ところが、同じ時期に、大手スーパーから被災地に数千個の新品のランドセルが届いていたのです。被災地に「新品」のランドセルと「おさがり」のランドセルが同時に届いたのです。皆さんが被災者だったらどちらのランドセルがほしいでしょうか。

私は、被災者にランドセルを直接届ける担当ではなかったのですが、津波で何もかも流された子どもと保護者が、どちらのランドセルを希望するかは、容易に想像できました。

あのような状況で「せめて、ランドセルぐらいは新しいものを」と思う親子の気持ちは、誰も責められないと思います。

結果は、想像した通り、小学生の優しい思いが詰め込まれた「おさがり」のランドセルの一部は、行き場を失ってしまいました。

これも、震災直後に被災地で起きていたミスマッチの一つでした。支援者と被災者との間のミスマッチは、個人だけでなく企業も巻き込んで起きていたのです。

私の家でも、仕事から帰ると、母親と姉妹が物置からランドセルを持ち出して被災地に送る準備をしていましたが、私は、娘たちに事情を説明し、ランドセルを送ることを止めさせました。

## 4　タイムラグ（時間差）によるミスマッチ

被災地から遠く離れた支援者が、支援物資の荷造りをしている間に、被災者のニーズ（ほしいもの）は変化し、支援物資が届いた頃には、不要になる物も出てしまいます。

被災地のニーズの変化に気づかず、タイムラグ（時間差）によっても支援物資のミスマッチは起きていました。

たとえば、震災当日の夜は「冷たくても、流れ着いた物でも、とにかく食べ物や飲み物がほしかった」と知人は話していましたが、二日目、三日目には「温かい物が食べたくなり、栄養も考え始めた」と言います。

衣類も、震災当日の夜は、段ボールやごみ袋、新聞を使って寒さをしのいだ人もいたと言われています。

津波で体まで濡れた人たちは、古着でも、多少汚れていても、寒さを防げるなら何でも身にまといたかったと思うのですが、衣類の支援が本格的に始まると、同じ衣類なら古着より新品を選ぶようになり、古着の受け入れを断った自治体もあったと言います。

このように被災地のニーズは刻々と変化していくのですが、私たちは、震災直後の被災地を想像して支援物資を送って仕舞いがちなので、タイムラグによって大量の不要品が生じてしまうのです。

東日本大震災で、当日の夜に被災者におにぎりを届けたり、米や野菜、古着を届けたりしていたのは被災を免れた近所の人たちや、山を越えて車で駆けつけることができた一関市や奥州市、遠野市といった近隣の市町村の人たちでした。

全国の支援者は、被災地でこうした緊急支援が行われている時に、似たような支援物資の「発送準備」を始めていたことになります。後に処分の対象になった支援物資の多くは、被災地のニーズが変ってから届いたものが少なくなかったのです。

支援者としての役割は、被災地からの「距離」や「時間」によって変わります。

これから、もし、どこかで大規模災害が起きたなら、私たちは「これから被災地に送っても間に合うのか」「被災者が今後必要になるものは何か」ということも考えながら行動する必要があります。

「東日本大震災で起きていたミスマッチを繰り返してはいけない」という思いから、少し教訓めいたことを言いましたが、恥ずかしい話ですが、実は、私自身、震災から数週間後に、被災した知人に古着や半分壊れたラジカセを届けた一人です。

当時の私は、被災地がまるで難民キャンプを続けているようなイメージをもっていたのです。知人は、笑顔で古着を受け取ってくれましたが、きっと、後で処分に苦労したに違いありません。

被災地に赴任するまでは、支援物資のミスマッチのことなど考えてもみなかったので、浅はかな判断で行動していました。

私自身がしてきたミスマッチは他にもたくさんあり、こうして震災の教訓を語るのは、本当は心苦しいのです…。

## 5　ICT時代の被災地支援とマッチング

被災地が、ある程度落ち着きを取り戻し、流通が回復し被災地の情報も入り始めたなら、支援物資は、可能な限り「必要な場所に」「必要な物を」「必要な数だけ」届けるのが理想的な支援です。

そうしないと、これまで紹介したように、せっかくの善意が焼却や廃棄され、保管し続ければ膨大な保管費まで発生します。

支援物資のミスマッチを減らすためには、被災者と支援者が積極的に情報交換を行い、両者の希望が一致した時に支援物資の移動や義援金の使い道を決めれば、無駄の無い理想的な支援が実現します。

これが「マッチング」の考え方で、「マッチング」にはＩＣＴが役に立ちます。ＩＣＴは情報通信技術のことで、簡単に言うと、インターネットや今はやりのＳＮＳを利用することです。

大槌中学校ではホームページを利用して、積極的に支援をお願いしていました。仮設校舎の生活に必要な物が生じれば、ホームページに「何が」「何個」ほしいと掲載するのです。

すると、これだけで早ければ週内に、遅くても一、二週間もすれば、支援者が現れました。

支援物資が届くと直ぐに、ホームページに写真とお礼を掲載したので、同じ物が他の支援者から届けられることはありませんでした。

ホームページの利用が難しい場合は、機能は限られますが、ＬＩＮＥやツイッター等のＳＮＳを利用するだけでも支援物資のマッチングには十分役立ちます。＃（ハッシュタグ）を付けて支援を呼びかければ、支援者の輪は必ず広がるはずです。

ネットもSNSも不慣れで難しい時は、ネットやSNSを利用している支援者（団体）にお願いすれば、支援者がマッチングを仲介してくれます。
先に紹介した「気仙すぎのこ基金」や、遠野市に拠点を置いていた「プロジェクトNEXT」等の支援団体は、被災地に足を運び、そこで被災者や学校から聞き取った要望を、ネット上に公開してくれました。

いずれにせよ、マッチングには、被災者側から支援者に、積極的に情報を発信する必要があり、支援者側は被災者のニーズの把握に努めることが大切になります。ホームページやSNSは、その道具の一つに過ぎません。

言うまでもないことですが、ネットやSNSが利用できるのは、通信回線が復旧した後になります。
支援物資のミスマッチの話からは少しそれますが、私たちは、日常の通信手段を失った時のことも考えておく必要があります。

東日本大震災では、東北電力管内約４４０万戸が停電し岩手県も全域が停電しました。固定電話が使えず、スマホや携帯電話も役に立たなくなったのです。

日常の通信手段を失った被災者の言付けは、伝言やメモ用紙に書かれ、人から人へと、移動が可能な人たちに託されました。

各地の避難所には、玄関付近に尋ね人や安否情報の掲示板が置かれ、数え切れないほどのメモが貼られ、行方不明になった家族の写真や、娘さんたちの特徴が書かれた貼り紙は、見るだけでも辛くなりました。

伝言やメモ用紙が最後の情報手段になった地域では、江戸時代のように「飛脚」が重要な役割を果たしました。電話や郵便、あるいは、宅配業者の代りに、伝言やメモ用紙を運んでくれる人たちです。

避難所として孤立した大槌高校も、学校の様子や町の様子をメモに書いて、内陸に移動する職員に託したと言います。大槌高校では、職員が「飛脚」となりました。

今後の災害でも「飛脚ボランティア」は、重要になると思います。

# 第五章

# 恩送《おんおく》り

## 1　もし、自分が被災者になったなら……

大槌中学校の吹奏楽部が河内長野市に招待されたとき、この事業を中介された大槌町のロータリークラブの会長さんが「こんなにしていただいても我々には返すものがない」と、一言つぶやかれました。

被災地では、大人も子どもも、たくさんの人たちから様々な支援を受けていましたが、皆、どこか心の中に、会長さんと同じように「もらっても返すものがない……」と、切ない思いをしていました。

人は、自分が人から親切にしてもらったり、物をいただいたりすることより、相手に対して親切にしたり、何かをしてあげたりすることに、より喜びを感じます。

これは、被災地で生活していて分かったことなのですが、どんなに困っていても「人からものをいただくだけでは、心は満たされない」のです。

仮設校舎で生活する生徒たちも、困っているのは自分たちなのですが、仮設校舎に他の学校の生徒が訪問してきた時は、相手の生徒に「自分たちがしてあげられること」を一生懸命探していたような気がします。

ミスマッチの話で、被災校の校長先生として、学校間の交流を断ったことを紹介していますが、学校間の交流を断ったのは、学校の正常化だけのためではなく「支援する側の生徒から義援金や支援物資を頂いて励まされるだけの交流では、被災地の子どもの立つ瀬がない」と思ったからです。

私も同じでした。被災校の校長として、大槌中学校と気仙中学校の生徒のためにいろいろな人に支援をお願いして歩いたのですが、支援を受けてもお礼は返せないのです。

そんなとき、「恩送り」という言葉に出合いました。

恩を送るというのは、「人から受けた恩を、別の人に返す」という意味です。恩を受けた人に恩を返すのは「恩返し」ですが、被災地に限らず、世の中には「恩返し」ができないことがたくさんあります。その恩を、これから出会う人に返していくのが「恩送り」です。

私はこの言葉にとても救われました。

数えきれない人たちから支援物資や寄付金をいただき、その額や量はとても返せるものではありません。恩返しどころか中には、会話をしたことも便りを交わしたこともない人たちも大勢いたのです。

それが、「恩送り」という言葉に出会ってからは、素直に「お世話になります。ご支援ありがとうございます」という気持ちで支援を受けることができたのです。

生徒にも「恩送り」という言葉を教えてあげることにしました。この言葉を知るだけでも、生徒の気持ちは、少し楽になるのではないかと思いました。それに、被災地で出会ったあの生徒たちなら「いつかどこかで困っている人をみつけたら、きっと、優しく手を差し伸べる」そんな気がしました。

この言葉に出会ってから、生徒への接し方も少し変わりました。

支援に対する恩返し（お礼）は忘れてほしくないのですが、「被災地の生徒が一番頑張らなければならないのは、将来のために勉強することで、体を鍛え、心を耕すことだ」と思えたのです。

話を戻しますが、「支援を受ける」ということは「人にすがる」ということです。被災者でなくても、もし、皆さんが、これからの人生のどこかで、生活が苦しくなったり、心が深く傷ついたりした時には、素直に、周りの人や支援者にすがっていいと思います。

私も、そうしてきたし、困った時は、それしかできませんでした。そして、いつか、どこかで、これから出会う人たちに「恩送り」をしていきたいと思っています。

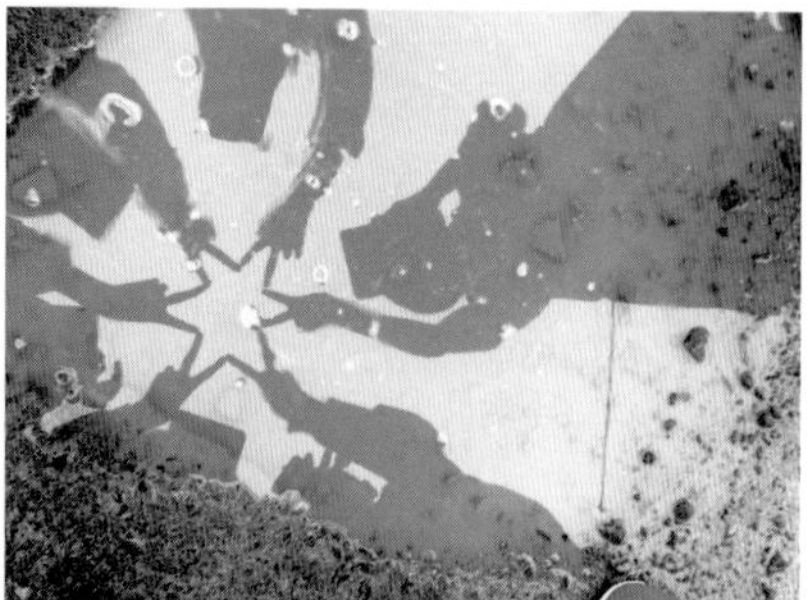

雨上がりの水たまりに作った星形
（生徒作品・フォトブックから）

## 2　もし、自分が支援者になったなら……

被災者側の立場から「恩送り」という言葉を紹介しましたが、今度は、今、どこかで災害が起きて、小中学生の皆さんが支援者側の立場になったときのことを考えてみます。

たしか震災から三年目の7月だった思うのですが、長野県松川村立松川中学校に防災教育に熱心な先生がいらして防災学習の講師として招かれたことがありました。

その時、松川中の生徒から「今、（大槌中学校に対して）私たちにできることはありませんか」と質問されました。被災地や仮設校舎での生徒の様子を紹介した後だったので、「何かをしてあげたい」という素直な気持ちからの質問でした。

その質問に対して、私は、次のように答えました。

大槌中学校は、全国の学校から支援を受けていて、仮に、支援していただいた学校に一枚一枚お礼状を書いたら、それだけで生徒会の一年分の仕事になってしまうかもしれません。被災校との交流は、手紙のやり取りだけでも難しいのが現状です。

（皆さんに今できることは）募金活動や、こうして被災地のことを学ぶことだけでも十分だと思います。もし、もっと被災地のことを勉強したかったら、テレビや新聞の報道からでも学べます。

皆さんが、今すべきことは、被災地のことを学びながら、体を鍛え、将来のために、勉強を頑張ること。そして皆さんが、大学生や社会人になった時、どこかで災害が起きたなら、自分の意志で、自分のお金

（お小遣い）で、休みの日を利用して、被災地に駆けつけてください。

記憶が少し薄れてきていますが、たしか、このような内容だったと思います。松川中学校の生徒の皆さんは、話の内容をよく理解してうなずいてくれました。

大槌中学校と気仙中学校と、被災地のど真ん中のような学校に二校も勤務した経験から、被災地の外の生徒と話をする機会が多く、似たような質問を何度かされたのですが、私からの答えは、いつも同じで「今は力を蓄えよう」と答えてきました。

支援者として、中学生や小学生にもできる事はたくさんあるし、そのことに参加させることはとても良いことなのですが、私が支援者側の生徒に期待しているのは、生徒の皆さんが、社会の主役になった時の行動です。

この考えと、私から生徒の皆さんへの期待は、終章の「明日のために…」につづっています。

そして、もうおわかりと思いますが、支援者側の立場になったとき、絶対してはいけないことは、義援金や支援物資を直接届けるだけの交流です。

義援金や支援物資を贈ることには問題ありませんが、大事なのは、相手を思いやる交流で、生徒どうしの交流は、お互いに対等の関係を保つことが大切で、実際に、互いに対等であることを忘れてはいけないのです。

# 第六章

# 明日のために……

## 1　被災しても変わらない生き方

「奇跡の生徒」の章で、震災で家を流されたり、家族を失ったりした被災地の生徒がうな垂れていなかったことを紹介しました。彼らで保健室や相談室が溢れたわけでもありません。

あの未曽有の震災を経験しても、生徒ひとり一人の目に見える行動はそれほど変わらなかったのです。

被災地には、震災で家族を失いながら生徒会長をやり遂げた生徒や、部活動でキャプテンや主将を続けた生徒もいました。

大切な人を失いながら「天を恨まず、運命に耐え、助け合って生きていく」と、気仙沼市立階上中学校の生徒会長は力強く答辞を読み上げました。

中学校、高校と野球に打ち込み釜石高校から21世紀枠で甲子園に出場した大槌中学校出身の岩間大投手や、大船渡高校からロッテに入団した佐々木朗希選手も、震災に焦点を当てた報道が無ければ、彼らが家族を亡くしていることには気づかなかったと思います。

視点を少し変えて、被災地で復興に取り組んでいる三十代、四十代の若手のリーダーたちを見ると、彼らは、以前勤めていた時の教え子たちで、中学校時代から学級や生徒会、部活動のリーダーとして活動していました。

彼らの奮闘ぶりを見ているとまるで彼らの中学校時代にタイムスリップしたような気持ちになりました。

さらに、町の復興の道筋を決める長老の方たちの会合には、かつてお世話になったPTA会長さんの姿があり、避難所運営や仮設団地では、津波の難を免れた区長さんたちが、震災前と同様に陣頭指揮を取っていました。

生徒も、卒業生や区長さんたちも、心の中では計り知れない心労や葛藤があったと思うのですが、少なくとも目に見える行動は、震災前と同じだったのです。

日頃から凛《りん》としていた人たちは、未曽有の震災を経験しても、身を崩すことはなく、彼らの生き方や行動力は変わらなかったのです。

## 三つ子の魂

震災前と震災後で、彼らの生き方や行動力が大きく変わらなかったとすれば、それは、いったい、いつ、どこで培われたのでしょうか。

私は、中学校の先生だったので、中学校の生徒会でリーダーとして活躍する生徒の顔ぶれが、小学校時代の児童会のメンバーと一緒ということがよくありました。「三つ子の魂百まで」ということわざがあるように、私たちの性格や行動力、あるいは、感性のようなものは、少年少女の時代に培われ、ひょっとしたら、ことわざのとおり、三つ子（幼児期）までさかのぼり、それは、年をとっても変わらないのかも知れません。

もし、この考えが正しいとすれば、小学生や中学生の時期は、人生にとても大きな影響を与える大事な時期ということになります。

## 2　やる気が大切！

先ほど、小学校と中学校のリーダーの顔ぶれがあまり変わらないと話しましたが、進んで勉強する生徒も似たような顔ぶれでした。中学校に来て、生徒会で活躍する生徒や勉強を頑張る生徒は、中学校に入学する前に「やる気」にスイッチが入っていたようです。

この「やる気」にスイッチが入るとは、どういうことなのか、名古屋での出来事で説明します。

## 名古屋での夜のランニング

２０２１年の年明けに、陸前高田市内の中学生20名と名古屋市を訪問した時のことです。

名古屋市と陸前高田市は、震災後、夏は名古屋市の中学生が陸前高田市を訪問し、冬は陸前高田市の生徒が名古屋市を訪問していました。私は、陸前高田市立気仙中学校の校長として、この年の訪問団の団長を務めていました。

訪問初日の夜、夕食と名古屋の生徒との交流後、会場からホテルに移動するバスの中で「ホテルに帰ったら走りたい」と生徒と引率の先生が相談してきました。時計は９時を回っていました。

宿泊先は名古屋城に隣接するホテルで、城の堀に沿うようにランニングコースがあり夜でも多くの市民が走っていました。
走れないことはなかったのですが、それ以上に、岩手からの長距離移動、表敬訪問や交流会でかなり疲れているはずなのに「走りたい」という気持ちに驚かされました。

生徒の気持ちを察して「私も走りますから、走らせてください」という引率の先生の熱意にも押されてランニングを許可したところ、生徒は名古屋城の周りを二週し、さらにホテルの前でダッシュを重ねていました。夜のランニングとダッシュは翌日も行われました。

彼らの目標は「新春大船渡四大マラソン」の中学駅伝で、岩手に帰って間もなく、県内の強豪校が参加するこの大会で、中学校女子の部で優勝したのは、名古屋城を走った生徒が主力の陸前高田市立東中学校でした。
さらに、半年後、陸前高田市立第一中学校の女子バレーボールチームが夏の県大会で優勝しましたが、こちらの選手名簿にも名古屋で走った生徒たちの名前がありました。

彼らは、明らかに「走りたい」というスイッチが入っていた生徒たちでした。名古屋の夜のランニングは「スイッチが入った生徒は自ら走る。自ら練習する」ということの証です。

学校に勤めていた時のことを振り返えると、彼らのように自ら練習に励み、ゴールで倒れるほど練習する生徒や、血豆をつくりながらバットやラケットを素振りする生徒はたくさんいました。今にして思えば、彼らは、皆、スイッチの入った生徒たちだったのです。

スイッチが大切なのは、勉強も同じです。宿題が無くても、「勉強しなさい」と言われなくても勉強する生徒はたくさんいました。彼らには「勉強したい」

というスイッチが入っていたのです。

私は、中学校の教師だったので、小学校からスイッチが入って入学してきた生徒は、あまり手がかからず、勉強も部活動も、生徒会活動も頑張って高校へ進学していったという印象が残っています。

スイッチが入った生徒を見ていると、教師の仕事は、生徒に勉強や走り方を教えることより、生徒のやる気にスイッチを入れてあげることの方が大事なような気がしました。

そして、「いつ、どこで、彼らのやる気にスイッチが入ったのか」とても興味を抱いていました。

## 自分にスイッチを入れる

皆さんは、「自分には、今、スイッチが入っている」と思いますか、それとも、「自分にスイッチが入るのはこれから」だと思っていますか。

私の経験では、小学校から入学してくる生徒全員にスイッチが入っているようには見えませんでした。勉強に身が入らない生徒もいれば、運動が嫌いな生徒もいるし、人前には立ちたがらない生徒や、掃除には身が入らない生徒など、入学してくる生徒は様々でした。最近は、スマホを離せないという生徒も入学してくるようです。

だから、「自分にはまだスイッチが入っていない」と思っても、心配する必要はないのです。小学生も中学生も成長期なので、スイッチが入るチャンスは、これから、いくらでもあります。

実際、中学校に入ってからやる気にスイッチが入った生徒をたくさん見てきたし、高校、大学に進んでからスイッチが入った生徒もいました。中には、社会人になってから活躍する「遅咲き」の生徒もいました。

それに、皆さんにスイッチを入れるのを手伝ってあげるのは、学校や先生方の大切な役割であり、責任でもあるのです。

皆さんは、大リーグで活躍する菊池雄星選手や大谷翔平選手を知っていますか。二人とも花巻東高等学校の卒業生で、学年は菊池選手が少し上ですが高校時代の野球部の監督はともに佐々木洋先生でした。

東日本大震災の一年程前に、佐々木先生を岩手県教育研究発表会の講師に招いた時の先生のお話です。

夢は、描いた瞬間に、向こう（夢の方）から勝手に近づいてくる
夢は、紙に書いた瞬間に、さらに、向こうから近づいてくる
夢は、口に出した瞬間に、もっと、向こうから近づいてくる

さらに、先生は「夢は、具体的な目標と計画で行動を起こすと、もっともっと、向こうからも、こちらからも、お互いに近づく」と熱く語り、野球部の生徒に自分の目標を紙に書かせて室内練習場に貼ったそうです。

目標は、ワクワク、ドキドキするような目標にする
目標が達成された時のご褒美と失敗した時の罰も書く

こちらは、目標を立てる時のポイント（7つから抜粋）で、生徒が具体的に考える目標は、今日の目標、来週の目標、一カ月先、半年先、一年先、10年先、30年先と続き、プロを目指す部員には「引退後」の目標まで考えさせ

ます。こうして、生徒が、三年間毎日、目標と反省を書き続けてきた日記（大学ノート）は、多い生徒は十数冊にもなったと言います。

この春、同校野球部の卒業生が東大に合格し「大谷に次ぐ『二刀流』球児」として話題になりましたが、彼は「監督の言葉に背中を押された」と語っています。先生は、部活動を終えた後の生徒の夢も応援していたのです。

私には、佐々木洋先生が「生徒のやる気にスイッチを入れるプロフェッショナル」に見えました。同時に、先生は、私たちに「生徒に夢をもたせることの大切さと、指導者の役割、責任」も教えてくれました。

## 3　体験を大切に！

佐々木洋先生のような指導はとても真似ができませんが、私の場合は、どちらかと言えば、行事や体験活動に力を入れていました。

勉強がいらないという意味ではなく、生徒が、何かに感動したり、興味を抱いたり、あるいは、学校行事や部活動で「充実感」や「満足感」を味わったりしたときの方が、自然に勉強しようという気落ちになり、将来のことも考えると思っていたからです。

やる気にスイッチが入るきっかけは、人間関係や家庭環境、自然とのふれあいなどいろいろ考えられるのですが、人との出会いや自然とのふれあいをうながしてくれるのが行事や体験活動だと考えていました。

残念ながら、近頃は、授業時間を確保することと、多忙化を解消するために、行事は削られがちです。

いつの間にか、遠足が無くなり、写生会も消え、修学旅行は短くなってしまいました。

先生方が授業時間を確保するのは学力を上げるためですが、行事を削ることで本当に生徒の学力が上がったのだろうか。先生方の多忙化が解消されたのかと思うと、私は疑問に思います。

実際、「行事を削ったら生徒の学力が伸びた」「集中力や自ら考える力もついた」と言える先生は、どれだけいるのかと思います。そんなに多くはないはずです。

むしろ、学力は伸び悩み、生徒たちは自然や社会にふれる機会が少なくなり、不登校やネット依存症など教育に関わる問題は増え続けているような気がします。

行事への負担は軽減されたけれど、逆に、生徒指導に対応する時間が増えてしまったという学校はたくさんあります。

そして、今、一番気になるのは、学校に登校できなくなった生徒が増えたことです。学校が、心のケアで紹介したような「生徒にとって安心して生活できる場所、楽しい場所」ではなくなってきているのかもしれません。

いっそ、時計の針を巻き戻し、学校も、生徒も、先生も、今よりは伸び伸び生活できた昭和の時代に戻れたなら、多くの課題が消えるような気もするのですが、時間を巻き戻すことはできないし、今日の教育課題が、すべて行事の削減（精選）にあるというのは、かなり言い過ぎです。

それでも、私自身は、今日の教育課題を解決する糸口は、人との出会いや自然とのふれあいをうながしてくれる行事や体験活動との向き合い方にあると考えています。

## 今の体験が未来をかえる

私は、教師の時は中学校で理科を教えていました。

ある日、大槌川で生徒たちと「水生生物による水質調査」をしていた時のことです。この調査は、川の中にどんな生き物が何匹いるかを観察して川の水質を判定するのですが、いつの間にか、生徒たちは調査を忘れ、サワガニを採ったり、小魚を探したりするのに夢中になっていました。

その時、ふと「もし、この生徒たちが、将来、汚れた川を見たならば、どんな行動をとるだろう。あるいは、治水工事の担当者になったならどんな工事をするのだろう」と思いました。

彼らの記憶の中に水辺で遊んだ経験が残っていれば、その記憶が、未来のダムや護岸工事の設計図を変えるような気がしたのです。

当時は、生徒にダム建設の賛否を討論させるような授業もあったのですが、私の興味は、今、具体的に行動を起こす生徒ではなく、将来活躍する生徒を育てることに移っていきました。

生徒が豊かな体験を積み重ねることができれば、彼らが未来をかえて

水生生物による水質調査

くれる。そう思ったのです。

この方法は、今、目の前で起きている問題には、あまり役に立たず、しかも、かなり遠回りで時間も掛かるのですが、これが教育の役割だと思いました。

もちろん、将来、どんなダムをつくるか、ダムをつくるかつくらないかは、彼らが決めることです。彼らの判断に口をはさむつもりはありません。

ここでの教育の役割は、自然とのふれあいを大切にしてあげることで、彼らの考えや行動を方向づけることではないのです。

冒頭で紹介した水質調査は、最初は授業の一環だったのですが、やがて、親子で水質調査をしたり、水質調査にはこだわらず、北上川に船を浮かべたり、川岸のゴミ拾いをしたりと、水辺に親しむ活動へと広がっていきました。

町づくりも同様で、被災地では新しい町づくりに生徒を積極的に参加させていましたが、そのことを否定するつもりもないし、大事なことだとは分かっているのですが、私には、生徒に瓦礫の町を歩かせたり、横倒しになった防波堤を素手で触らせたりすることの方が大事に思えました。

大きな防波堤が横倒しなった姿を目の当たりにした生徒たちが、大人になり、もし、防災担当者になったなら「私たちには思いもよらない防災方法を考えてくれるかもしれない。嵩《かさ》上げや防波堤に頼らない町づくりを考えてくれるかも知れない」と思ったのです。

ここまでは、ダムや防波堤の話でしたが、生徒が人とのふれあいを通して豊かな体験を積み重ねることができたなら、彼らの未来はどうなるでしょう。

「午後のコンサート」で紹介した吉川武典さんたちと吹奏楽部の生徒たちとのふれあいのように「人とのふれあい」も、生徒の生き方をかえ、やがて、彼らは社会のあり方もかえていくように思います。

N響のトロンボーン奏者の吉川武典さんは、ベルリンフィルに留学する時に携えた彼の人生の宝物とも言えるトロンボーンを、大槌中学校の吹奏楽部に寄付し、遠く東京から、仲間と一緒に演奏指導に駆けつけ、生徒と膝を交えたコンサートも、快く引き受けてくれました。

吉川さんと出会えた中学生の彼女たちは、当時は、まだ、何もできなかったかもしれませんが、これからきっと、素敵な大人になっていくような気がします。

もし、彼女たちが、いつか、どこかで、自分たちのように楽器を流され、悲しんでいる子どもたちに出会ったなら、そっと、自分の楽器を差し出す。

そんな光景が目に浮かぶのです。

東に病気の子どもあれば、行って看病してやり
西に疲れた母あれば、行ってその稲の束を負い

未来の彼女たちの生き方が、岩手の詩人宮沢賢治の「雨にも負けず」の一節と重って見えます。

若い頃に、心の奥に残された体験や風景は、その人のその後の考え方や感じ方に大きな影響を与えると言われます。これを「原風景」といいます。

子どもたちにどんな「原風景」を残してあげるかは、大人の責任です。

私は教師だったので、ここでも、生徒には「自然とのふれあい」や「人とのふれあい」が大切だと思ってきました。

私は、これまで「豊かな体験が未来をかえる」という言葉を座右の銘のように口にしてきましたが、「豊かな体験」を通して最初にかわるのは「未来」ではなく、今、目の前にいる生徒たちの「生き方」や「やる気」なのです。

皆さんも、ぜひ、これから、いろいろなことに挑戦し、その体験が「原風景」となり、自分の未来をかえていくことを確かめながら、人生を楽しんでほしと思います。

皆さんは、未来の設計者です。
皆さんには、素敵な未来が待っています。

# おわりに

これが、小中学生の皆さんが、まだ生まれる前か、幼かった頃に起きた東日本大震災の話です。

すべて過去の出来事ですが、災害は、これからも、いつどこで起きるか分かりません。

もし、自分が被災者になったなら、この本で紹介した被災地の生徒たちを思いだしてほしいと思います。きっと、前向きに頑張れると思います。

被災地の生徒たちが見せてくれたあの底力、頑張りは、皆さんも日頃から培っている力です。普段は見えないだけなのです。

もし、自分が支援する立場になったら、東日本大震災で起きていた支援物資のミスマッチや交流のミスマッチの話を思い出してほしいと思います。
東日本大震災で起きていたミスマッチを繰り返してはいけないと思いながらこの本を書きました。

それから、もし、皆さんが人生のどこかで、つまずくようなことがあったなら、「奇跡の生徒」で紹介した仮設校舎の廊下を、一生懸命に雑巾がけしていた生徒のことや、仮設住宅で生活しながら、笑顔で学校生活を送っていた生徒たちのことを思い出してください。どんなに辛いことでも必ず乗り越えられるはずです。

この本は、先に、教育関係者、防災担当者、支援者向けに出版した『子どもたちは未来の設計者』〜東日本大震災「その後」の教訓〜（ぱるす出版）を、震災を知らない生徒たちのために書き直したものです。

この本で紹介した支援者のことや、この本では紹介できなかった「津波防災・減災学習の課題」や、「豊かな体験が未来をかえる」という言葉についてもう少し詳しく知りたい人は、ぜひ、こちらの本にも目を通していただければと思います。

末筆ですが、『子どもたちは未来の設計者』に引き続き、本書の編集と出版にご尽力頂いた春日栄様、ぱるす出版の梶原純司様を始め、被災地で出会えた素晴らしい生徒たちと、彼らの学校生活を応援して頂いた全国の支援者、教職員、保護者、地域の皆様に心から感謝申し上げます。

鈴木利典

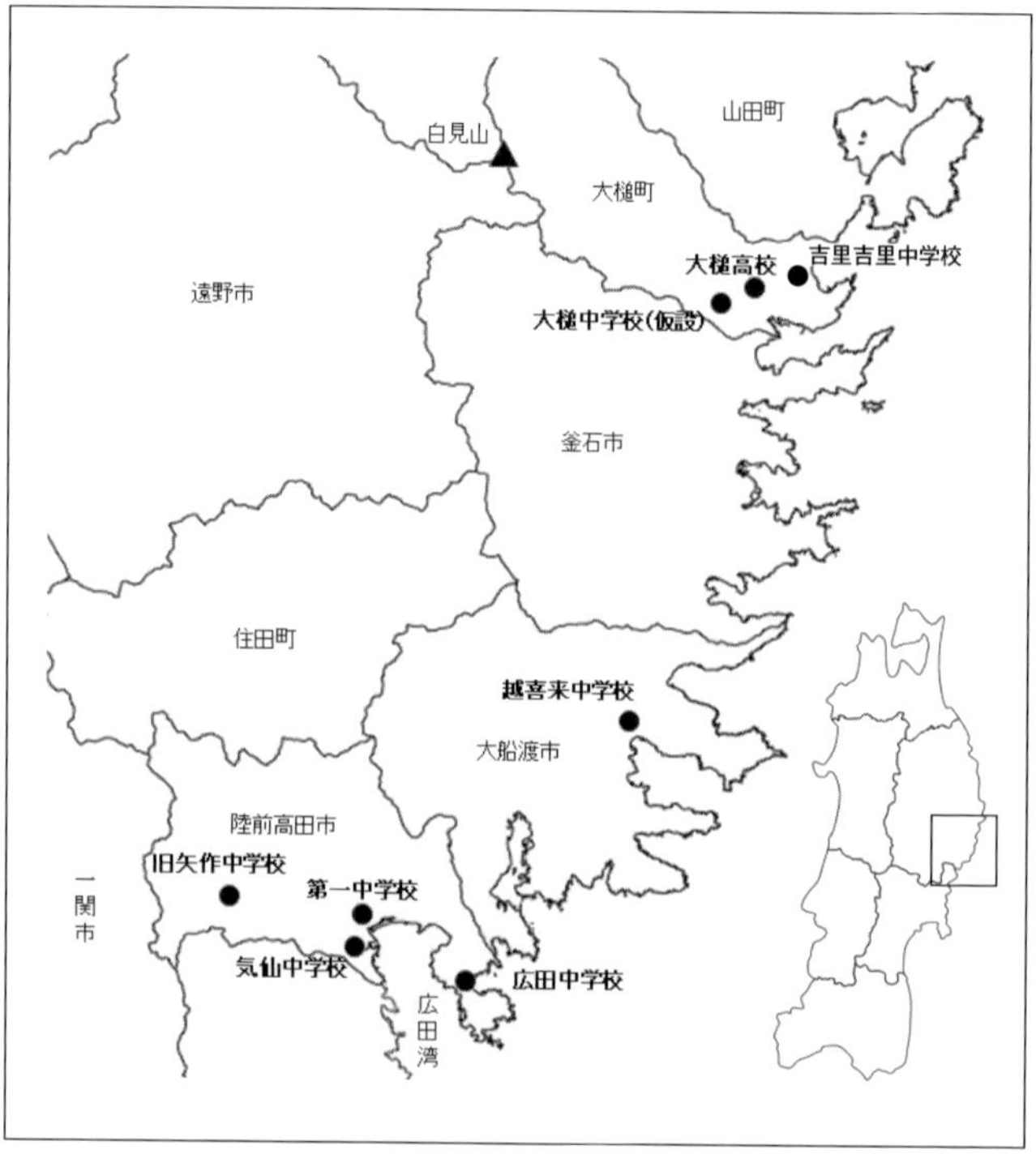


東日本大震災前に中学校の教員として沿岸に4校14年勤務。勤務校はすべて被災している。震災当時は岩手県立総合教育センターに勤務し、震災の翌年から旧大槌町立大槌中学校と旧陸前高田市立気仙中学校にそれぞれ2年ずつ校長として赴任した。

【略暦】

| | |
|---|---|
| 1959年 | 一関市大東町に生まれる |
| 1982年 | 岩手大学工学部卒業 |
| 同　年 | 陸前高田市立広田中学校 |
| 1985年 | 陸前高田市立第一中学校 |
| 1988年 | 大槌町立大槌中学校 |
| 1992年 | 岩手県立総合教育センター |
| | 1993年　北海道南西沖地震 |
| 1994年 | 川崎村立川崎中学校 |
| | 1995年　阪神淡路大震災 |
| 1999年 | 岩手県立総合教育センター |
| 2005年 | 大船渡市立越喜来中学校着任（教頭） |
| 2007年 | 岩手県立総合教育センター（情報教育室長） |
| | 2008年　岩手・宮城内陸地震 |
| | 2011年　東日本大震災 |
| 2012年 | 大槌町立大槌中学校着任（校長） |
| 2014年 | 陸前高田市立気仙中学校着任（校長） |
| 2016年 | 一関市立厳美中学校着任（校長） |
| 2020年 | 定年退職 |
| 現　在 | ・一関市教育委員会 ICT 指導員 |
| | ・一般財団法人岩手堅田財団常務理事 |

震災前の大槌町（1993 年、城山から）

# 3・11 震災を知らない君たちへ

令和 4 年 10 月 10 日　初版第 1 刷

著　　者　　鈴木利典
発 行 者　　梶原純司
発 行 所　　ぱるす出版株式会社
〒 113-0033 東京都文京区本郷 2-25-14 第 1 ライトビル 508
電話 03-5577-6201　　fax 03-5577-6202
http://www.pulse-p.co.jp
E-mail　info@pulse-p.co.jp

表紙写真　　松橋文明

制作協力　　春日　榮

印刷・製本　　ラン印刷社

ISBN 978-4-8276-0267-8　C0037

©2022　Toshinori　Suzuki